パ･リーグを背負った
初代王者の「強さと凡庸」

消えた球団 毎日オリオンズ 1950〜1957

野球雲編集部 編

ビジネス社

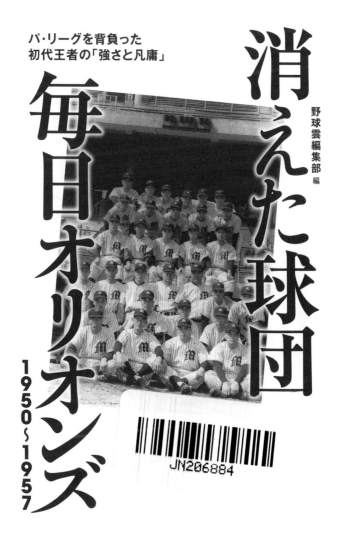

はじめに

戦後の流星
毎日オリオンズ
1950—1957パ・リーグを背負った球団の8年

昭和25（1950）年、セ・パ両リーグ分裂の大きなきっかけとなった
毎日新聞社のプロ野球への参画。
読売新聞社のジャイアンツに対抗するべく、
毎日オリオンズを中心にパ・リーグが形成された。
この年は、阪神（当時大阪）タイガースや国民リーグから有力選手が加わり、
松竹ロビンスを破り、2リーグ制初の日本一に。
昭和33（1958）年に大映ユニオンズを吸収合併、
毎日大映オリオンズ（大毎オリオンズ）となるまで、
戦後まもないプロ野球に流星のような軌跡を描いて消えた
毎日オリオンズの8年間にスポットを当てます。

毎日オリオンズのメンバー（1954年後楽園球場）

1950年日本シリーズのメンバー

第1章

毎日オリオンズ盛衰史

「強くて凡庸」だったパ・リーグ初代王者の8年

明治の「野球害毒論」に反旗を翻した毎日新聞。
「甲子園」を舞台に朝日新聞との代理戦争を経て、
読売・正力松太郎の働きかけでプロ野球へと参入した。
セ・パ2リーグ分裂という
荒波とともに船出した“第3勢力”の軌跡。

広尾晃

野球と新聞はよく似ている

今書いている本のために、著名なマーケッターの大西宏氏にお目にかかった。野球の将来に関するテーマでお話を伺った。

「野球と新聞はよく似ているよね。日本人の生活に入ることで普及していったけど、変わることができないで衰退しつつある。よく似たビジネスモデルじゃないかな」

確かに、野球と新聞は切っても切れない間柄にある。

野球は明治10年代にお雇い外国人によってもたらされ、一高などエリート学生によって普及が進んだが、新聞との本格的な最初の出会いは、ネガティブなものだった。

1911（明治44）年東京朝日新聞が「野球害毒論」を展開したのだ。新渡戸稲造《にとべいなぞう》一高校長、乃木希典《のぎまれすけ》学習院長らが野球の弊害を説いた。その背景には、野球が日本人の嗜好に驚くほどフィットして、急速に拡がったことがある。夏目漱石の『吾輩は猫である』にも野球のシーンが出てくるが、猫も杓子も野球、野球。教育者や識者の中には、眉をひそめる向きも少なくなかったのだ。

そうした機運に乗じて展開したネガティブキャンペーンは大当たりし、東京朝日新聞は部数を伸ばした。

これに対し、野球擁護論を展開したのが、東京へ進出したばかりの毎日新聞だ。傘下に収めた東京日日新聞社で大々的に朝日に反論。これも大きな反響を呼んだ。

「野球是か非か」は、明治末年の日本社会の大きなテーマとなったのだ。

「甲子園」は新聞社の代理戦争

しかし、この議論はあっけなく終了する。

「野球害毒論」から4年後、大阪朝日新聞は名コラムニストと呼ばれた長谷川如是閑《にょぜかん》の発案で、全国中等学校優勝野球大会を創設する。

この大会は当初、豊中球場で行われていたが、1924（大正13）年に阪神甲子園球場が創設されると、ここに舞台を移し、全国的な人気を博するようになる。

朝日新聞には、甲子園での活躍の模様が掲載され、郷土の若者の活躍を見るために、人々は先を争って新聞を買い求めた。

1908（明治41）年に東京、大阪の朝日新聞は合併し、朝日新聞合資会社を経て株式会社朝日新聞社となる。その後も「大阪朝日」「東京朝日」は別個に発行されたが経営は一本化さ

選抜中等学校野球大会の優勝旗

れた。この時期、朝日新聞の発行部数は「大阪」「東京」を併せて100万部を超え、日本最大の新聞メディアとなる。

これに対抗したのが毎日新聞だ。明治末期の大阪では「大阪毎日」はすでに「大阪朝日」と部数を二分する新聞社だったが、東京日日新聞の経営権を取得し、朝日に続いて東西で新聞を発行するようになる。第一次世界大戦のスクープ報道で部数を伸ばし、毎日新聞は「大阪毎日」と「東京日日」を併せて100万部を記録。朝日を激しく追い上げる。

朝日が中等学校野球で部数を伸ばしているのを横目で見ていた毎日は1924（大正13）年、名古屋の山本（のちの八事《やごと》）球場で春の選抜中等学校野球大会を創設、翌年にはこれも甲子園で行われるようになり、朝日同様に野球を「販路拡大」に利用するようになったのだ。

「春の選抜」と「夏の選手権」は、毎日と朝日の〝代理戦争〟のような形で並立したのだ。ただし、春の選抜は、常に夏よりは小規模な大会だった。

1923（大正12）年9月に関東大震災が起こり、この時期の日本経済の中心地は、一時的に大阪に移っていた。人口も最大瞬間風速的に大阪が最大になった。朝日、毎日が強かったのは、ともに震災に遭わなかった大阪発祥だったことが大きい。

それほど振るわなかった読売の職業野球

昭和に入ると、毎日は都市対抗野球を創設する。東京日日新聞の橋戸信（頑鉄）が考案した。プロ野球がまだない時代、都市対抗野球は、中等学校野球、大学野球と並ぶ人気イベントとなり、毎日新聞社の躍進に貢献した。

1937（昭和12）年に後楽園球場が開場すると、これを大会会場とする。中等学校の甲子園、大学野球の神宮と並び、後楽園は社会人野球のメッカとなった。

この時期に大阪毎日はセミプロ球団「大阪毎日野球団」を創設している。

この時点で、読売新聞は警視庁を辞職した正力松太郎が社主に収まっていたが、地方紙からスタートした読売新聞は、この時期、朝日、毎日両新聞を激しく追い上げていた。正力は、朝日、毎日と同様、野球を部数拡販の手段にしたいと考え、職業野球の創設を考える。

1934（昭和9）年、正力はベーブ・ルースを中心とする米大リーグチームを招聘《しょうへい》した。この時期、文部省は野球統制令を出し、学生野球選手がプロ選手などと試合することを禁じていた。正力はこれを奇貨として大日本東京野球倶楽部《クラブ》を創設。これが東京巨人軍になる。

1936（昭和11）年には政財界に声をかけて、職業野球のリーグ戦を創始する。正力は当然、朝日、毎日同様、読売新聞の全国展開を考えていたとは思う。しかし、このとき愛知の新愛知新聞（名古屋軍のち中日）、その子会社の國民新聞（大東京（軍））、名古屋新聞（名古屋金鯱《きんこ》軍）にも声をかけて球団を創設させている。このうち新愛知新聞は、独自のプロ野球リーグ構想がとん挫して正力のプランに合流したのだが、それにしてもライバルの新聞社を3つも新リーグに加えている。

その後の正力の言動にもしばしばうかがえるが、正力は読売新聞の拡大を考えつつも、それだけにとどまらず、野球の事業化、そしてナショナルパスタイム化を常に念頭に置いていた。常に全体を考えた構想を持っていたのだ。このことは強調しておきたい。

しかし、戦前の職業野球が読売新聞の拡販に貢献したかは微妙なところだ。すでに1930年代から大陸で戦争が始まっており、1941（昭和16）年12月には太平洋戦争が始まった。職業野球は次第に規模縮小を余儀なくされ、戦況の悪化とともに1944（昭和19）年をもって終結した。

正力松太郎の2リーグ構想

戦後、野球界を巡る状況は一変する。

戦時中は「敵性球技」として白眼視されていた野球が、アメリカを中心とする占領軍（ＧＨＱ）によって日本の民主化の重要な手段とみなされたのだ。日本の内政を見るＧＨＱ経済科学局局長のウィリアム・マーカット少将は、セミプロでの競技歴もある大の野球ファンであり、大いに野球を奨励した。

終戦から半年足らずの１９４６（昭和21）年にはプロ野球のペナントレースが再開される。また中等学校野球もこの夏に再開、翌47年春には選抜大会も再開された。野球人気はうなぎのぼりとなり、特にプロ野球は娯楽が少ない中で人気スポーツとなった。

この人気に乗じるべく、もう１つのプロ野球、国民野球連盟が創設されたが、既存のプロ野球側（日本野球連盟）は非協力的で、１９４８（昭和23）年には消滅する。この時期にＧＨＱの意向もあって、日本野球連盟に総裁職が設けられることとなる。日本野球連盟使用者評議会は正力松太郎を推薦。実質的なコミッショナーだ。正力は１９４９（昭和24）年４月15日、コミッショナー就任のあいさつをする。

一、日米野球をできるだけ速やかに開催する
二、日本にさらに4チームを育成し、2、3年後に6チームごとの2リーグとする
三、後楽園の他に、東京に本拠となるべきもう1つの球場を創設する

実は正力松太郎は、GHQの意中のコミッショナーではなかった。彼はA級戦犯として、1945年12月から47年9月まで巣鴨拘置所に収監されていた。不起訴処分となったとはいえ、A級戦犯が野球のトップになることに難色を示したのだ。GHQの民政局と法務府特別審査局の警告によって正力は5月13日に辞職。

わずか1か月の在任だったが、正力の2リーグ構想の話は夏以降、プロ野球参入を考える企業に大きな影響を与える。

まず9月14日には近畿日本鉄道が、近鉄軍を編成すると連盟に申し入れる。21日には毎日新聞がプロ球団を創設すると宣言。初代監督として大阪毎日野球団の投手であり、記者でもあった湯浅禎夫《よしお》を内定した。

さらに、多くの企業から参入申し込みがあった。日本野球連盟は9月30日、10月1日に代表者会議を開く。この時点で申し込みをしたのは大毎、西日本、広島、近鉄、星野組、大洋漁業の6社にも上った。日本野球連盟は対応しきれず、鈴木惣太郎副会長は回答の保留を各社に申

し入れた。その後も西日本鉄道、京都新聞、名古屋鉄道が新規参入に手を挙げた。

複雑怪奇な2リーグ騒動

こうした新規参入が相次いだ背景には、恐らく正力松太郎の暗躍があったと思われる。当時の読売新聞は正力に反目する安田庄司が副社長を務め実権を握っていた。読売新聞、巨人は2リーグ制反対の急先鋒だった。それを承知していた正力は、プロ野球参入に意欲的な企業に声を掛け、2リーグ構想をなし崩し的に推進しようとしていたようだ。

特に毎日新聞には熱心に声をかけた。10月ごろまで別府星野組もプロ野球参入に意欲を示していたが、これを説得して選手兼任監督西本幸雄らを毎日球団に合流させたのは、正力ではなかったか。別府星野組野球部はこの年に解散する。

11月19日から毎日球団は倉敷球場で合宿をする。まだ何も決まっていないのにここまでするとは驚きだ。おそらくは正力から何らかの言質《げんち》があったのだろう。

・投手

荒巻淳（別府星野組）、榎原好《えばらよしみ》（熊谷レッドソックス－篠崎倉庫）、野村武史（明大）、祖父江東一郎（戦前の西鉄）

・捕手
長島進（金鯱）片岡博国（函館オーシャン）
・内野手
西本幸雄、今久留主《いまくるす》功、今久留主《いまくるす》淳《すなお》（ともに別府星野組）、奥田元（古沢建設）、野村輝夫（明大）
・外野手
伊藤庄七（愛知産業）

これが毎日球団の最初の顔ぶれだと言えるだろう。大阪毎日の選手はいない。別府星野組と毎日新聞が主催する都市対抗野球出身の選手が中心だ。

しかし、2リーグ分立はそれほど簡単な話ではなかった。1949（昭和24）年11月の時点で、分立に賛成している既存球団は大映、東急、阪急、南海。反対が巨人、中日、大陽、「洞《ほら》ヶ峠」と言われたのが阪神だった。

巨人の親会社の読売新聞は、新聞部数拡販のライバルをプロ野球に加えたくないという思いが強かった。ましてや当時の毎日新聞は、読売の倍近い部数を誇る新聞界の巨人だ。

他の反対球団は、プロ野球の観客動員が450万人を超えてようやく採算ベースに乗ったところであり、新規参入は市場を荒らされるという懸念があった。

当時、野球協約などの取り決めが無かったこともあり、選手の引き抜きが横行していた。1948（昭和23）年に起こった南海から巨人への「別所引き抜き事件」以来、球団間の選手獲得競争は過熱し、巨人と南海など一部の球団の関係は険悪なものになっていた。巨人の三原脩《おさむ》監督が南海の筒井敬三を殴った「三原ポカリ事件」もこの年のことだ。そういう悪い空気の中で、2リーグ分立は進んでいた。

正力の誘いに乗った毎日新聞

当時の毎日新聞の社長は本田親男《ちかお》、当時50歳。敏腕記者上がり。2年前にはGHQに直談判して選抜中等学校野球大会を再開にこぎつけるなど、野球好きだった。ただし64歳で元高級警察官僚の正力松太郎と比べると軽量の嫌いがあるのは否めない。

おそらく本田は正力から「私は巨人を中心としたリーグを束ねるから、あなたはもう一方のリーグを」と言われたのではないか。

ひざ元の読売新聞をはじめ、中日、大陽と抵抗勢力がいる中で、2リーグ分立の動きは着々と進行していた。

11月27日付の朝日新聞には「2リーグに分裂」という記事が載った。「分立」ではなく「分裂」である。

当初は大映、東急、阪急、南海に加え阪神（1946年から60年は大阪）が新球団参入に賛成、巨人、中日、大陽が反対。多数決で参入が勝って、毎日と近鉄が参入して1リーグ10球団でスタートさせることになりそうだったが、阪神が反対に寝返り4対4となって収拾がつかなくなったため、2リーグに「分裂」したのだ。要するにけんか別れ。

賛成派の大映、東急、阪急、南海は毎日、近鉄、西鉄を加えてパシフィック・リーグを創設、毎日新聞社別館でリーグ結成式を行った。

こうなると反対派も新リーグを設立せざるを得なくなる。セントラル・リーグは巨人、中日、松竹（元太陽）、阪神に加え、大洋、西日本、広島、国鉄の8球団でスタートすることとなった。日本野球連盟は解散し、プロ野球協議会が新設され、議長には正力松太郎が選出された。また同じ日にパは後楽園と西宮、新設される難波球場（大阪球場）を使用すると発表。ここから球場の陣取り合戦も始まる。

今では考えられないのは、こうした騒動がペナントレースの最中に行われていたことだ。11月29日、1949（昭和24）年度のペナントレースは巨人の優勝で幕を閉じた。南海から移籍した別所毅彦は謹慎明けから14勝を挙げ、チームに貢献した。１リーグ最後の年の入場者数は459万人、売り上げは１億2453万円。過去最高を記録した。

この間も法政大学の関根潤三と立教大学の五井孝蔵というエース級が近鉄に入団を発表するなど、新加入球団は陣容を整えていった。

12月21日、毎日球団の愛称が、一般からの募集で「オリオン」と決まる。開幕時には「オリオンズ」と複数形に改まる。

12月25日、２リーグ分裂に伴い所属球団と選手の間に優先的に設けられた契約交渉期間が終わる。この間に所属球団と契約していない選手は、他球団と自由に交渉できる。ここから有力選手の争奪戦が始まった。

直後に10年選手土井垣武が阪神から毎日に移籍。30日には阪神から監督の若林忠志、別当薫、呉昌征《ごしょうせい》、本堂保弥《ほんどうやすや》が毎日に移籍した。阪神から毎日への大量引き抜きは、阪神が新加入賛成から反対に寝返ったことの意趣返しだったとされる。毎日はさらに巨人の選手にも食指を動かしていると報道されたが、これはならなかったようだ。

１９５０（昭和25）年元旦、ＡＡＡサンフランシスコ・シールズのオドール監督が２リーグ分裂を歓迎するコメントを寄せている。オドールは「２リーグ制の次にはマイナーリーグを整備することが必要だ」と述べているが、これはなかなか進まなかった。

2月13日、阪神、毎日両球団は大阪で会談し、移籍に関する覚書を交わした。一応、移籍騒動はここに決着を見たのだ。この覚書は両リーグ会長の判も押された物々しいものだった。

両リーグ間の引き抜き問題はペナントレースが開幕してもくすぶり続け、7月4日の両リーグ会長の会談で和解した。

１９５０年――新球団毎日オリオンズの優勝　81勝34敗5分パ優勝

さて、ここからは毎日オリオンズの年度戦績を見ていこう。

１９５０（昭和25）年のペナントレース、毎日オリオンズは12球団一の戦力とされた。ただしチームとしてのまとまりが不安視され、南海ホークスに次ぐ2位との評もあった。

総監督は前述の通り毎日球団からやってきた湯浅禎夫、監督は若林忠志。これは阪神兼任監督だった若林を一選手にはできないということで取られた形式的な措置であり、実質的な監督は湯浅。初代主将は戸倉勝城《とくらかつき》。（１９５０年の毎日オリオンズ陣容と成績は１７０ページを参照）

2位南海ホークスに15ゲームの大差をつけて優勝。別当薫がキャリアハイの43本塁打１０５打点の二冠王。ＭＶＰに輝く。この年の別当は「トリプル３」も達成している。この年はラビ

阪神移籍組の土井垣（右はヤンキースのヨギ・ベラ）

ットボールと呼ばれる飛ぶボールが使われたこともあり、両リーグともに打撃成績が向上したが、ベスト10に４人がならぶ強力打線は「ミサイル打線」といわれた。ちなみにセの覇者松竹ロビンスは「水爆打線」。朝鮮戦争の最中だけにネーミングも物騒だ。

　別当、本堂、土井垣、呉ら阪神からの移籍組に加え、河内、戸倉の大洋漁業勢も活躍。

　投手では荒巻淳が最多勝、最優秀防御率、新人王。西本幸雄、今久留主兄弟らとともに別府星野組から来た投手だ。日本シリーズも４勝２敗で下し、華々しいスタートとなった。

　この年の日本シリーズの開催は両リーグが反目したために10月になっても正式決定しなかった。そのためもあったか、各紙の扱いは大きくはなかった。

　１９５０年の観客動員は不明だが、パ・リーグ全体では１７４万人（セは２４６万人）。毎日の観客動員は40万人程度と思われる。

別当薫（1951年）

1951年―主将戸倉が電撃移籍　54勝51敗5分パ3位

１９５１（昭和26）年、早くも足並み乱れる。主将の戸倉勝城が阪急に移籍する。諸説あるが、毎日側が１９５０年の圧勝でリーグ戦の興趣が失われることを危惧して、戦力均衡化のために戸倉を譲渡したと言われる。主将の座は空席になったが、7月に別当薫が二代目主将となる。

ラビットボールが廃止され、リーグの打率は急落する。

（１９５１年の陣容と成績は１７４ページ）

別当の成績も急落したが、それでもトップクラスの成績をキープ。呉も3割を打つ。しかし投手陣が大きく崩れた。

この年の8月エースの荒巻淳が大リーグのセントルイス・ブラウンズと契約するという記事が各紙に出た。真偽は定かではないが、福井コミッショナーまで歓迎の意向を示している。その記事の影響もあってか荒巻も成績が急落した。

リーグ創設1年目に毎日の後塵を拝した南海ホークスは、雪辱を期す山本（のち鶴岡）一人兼任監督が大活躍し、ペナントを制す。2位は西鉄。毎日は3位、ゲーム差は22・5だった。

1952年―平和台事件勃発　75勝45敗0分パ2位

引き続き湯浅総監督、若林監督の体制。若林は依然選手兼任だったが登板なし。（1952年の記録は178ページ）

起工、川島紡績を経て山内和弘（のち一弘）が入団した。7月16日の平和台球場での西鉄戦で、4回まで4―5で負けていた毎日側は、日没ノーゲーム（当時の平和台は照明施設なし）に持ち込もうと、露骨な遅延行為に出た。結果はノーゲームとなったが、これに怒った西鉄ファンがグランドに乱入し、別当薫、土井垣武に襲い掛かった。

右から西本、三宅、大館

　これを守ろうとした西鉄の大下弘、野口正明が負傷。怒りが収まらない観客は、毎日の宿舎にまで押しかけ、大館《おおだて》勲《いさお》が謝罪する始末となっ

別当監督（右）と呉昌征助監督（1954年）

毎日オリオンズ投手陣（1954年）

た。

この「平和台事件」によって毎日はパ・リーグから制裁金を科せられる。また湯浅総監督は解任、若林監督は二軍降格となり、別当薫が選手兼任監督となった。

この騒動にもかかわらず、毎日は好調で、10月、終盤に3連敗した南海を4連勝で追い詰めたが、1ゲーム差でペナントを逃した。

観客動員は南海ホークスの65・6万人に次ぐ43・8万人。毎日は依然、パの人気球団だった。

1953年——レオ・カイリー登場。初のBクラス　56勝62敗2分パ5位

前年7月に解任された湯浅総監督だが、毎日新聞閥の人間でもあり、翌53（昭和28）年には復活。若林監督との二頭体制が復活した。しかしこのときから実質的には若林—別当のラインでチームは回っていくようになる。（1953年の記録は182ページ）

阪神からの移籍組に衰えが見えた。大黒柱の別当薫は故障で規定打席未達。それでもベスト9に選ばれたが、他にめぼしい選手がおらず。早稲田大から入った新人の荒川博の打棒が目立った程度。

投手陣も荒巻淳が復活したが、先発投手陣が定まらず、初のBクラス、5位に低迷した。首位南海からは14・5ゲーム差。

この年、毎日は横須賀基地に勤務していたレオ・カイリー、チャーリー・フッドと契約。フッドはフィリーズ傘下のマイナー外野手だったが、左腕カイリーは召集前の1951年にボストン・レッドソックスで7勝を挙げた投手だった。

カイリーは8月に6試合に登板して6勝、打っても19打数10安打と格の違いを見せつけた。

しかしカイリーに除隊命令が出て帰国。翌年福井コミッショナーは外国人選手のアルバイト

を禁ずる通達を出す（実際にはそれ以降も見られたが）。

1954年―別当薫新監督の時代に　79勝57敗4分パ3位

1953年限りで若林忠志は現役を引退。毎日オリオンズのフロント（営業部長）になる。湯浅総監督は解説者に転出。

代わって別当薫が兼任監督となった。「平和台事件」のあとの代理監督としての采配が高く評価された。一緒に阪神から来た呉が助監督。西本幸雄が兼任コーチとなる。

この年パ8球団目として高橋ユニオンズが誕生、毎日からは35歳になる先発投手野村武史が移籍した。（1954年の記録は186ページ）

フレッシュな顔ぶれが躍進した。22歳の山内和弘が打点王、早稲田大で広岡達朗と三遊間を組んでいた小森光生、小森の先輩で2年目の荒川博らがレギュラーに。

投手でも前年芦屋高から入った植村義信が規定投球回数に達した。荒巻は22勝を挙げる。

しかしチームは首位西鉄から10・5差の3位に終わった。中西太、豊田泰光らがフル稼働し始めた西鉄との差は歴然だった。

1955年——榎本喜八の登場　85勝55敗2分パ3位

別当薫体制の2年目。

別当薫は監督としてはついに優勝経験なしに終わるが、指導したチームで次々と好打者を育成していった。毎日でも、山内和弘にはじまり、この年入団した榎本喜八、葛城《かつらぎ》隆雄などタイトルを取るような好打者を次々と育成した。フロントの若林忠志はトンボ・ユニオンズのコーチに転出。湯浅禎夫がヘッドコーチに復帰。（1955年の記録は190ページ）

高卒1年目の榎本喜八が・298を打って新人王。山内和弘は打点王。エース荒巻淳と2年目の中川隆が18勝。中川は防御率1位。この投手は野村克也の同期であり、野村に第1号本塁打を打たれた投手として知られる。植村も規定投球回数に達し防御率2位に。

下馬評では傑出したエースはいないものの、南海、西鉄と並ぶ3強と言われた。

しかし、首位南海から14ゲーム離れた3位に終わる。この時期は、大映、トンボ（高橋）などの下位球団は3割台の勝率にあえいでおり、上位チームと下位チームの格差が大きかった。勝率6割でも到底優勝には届かなかったのだ。

1956年—若手台頭も蚊帳の外

84勝66敗4分パ4位

別当薫体制の3年目。前年引退した西本幸雄が二軍監督になる。相変わらず打線、投手力ともにリーグ上位の戦力を有してはいた。しかし、この時期には西鉄、南海との差は歴然としていた。（1956年の記録は194ページ）

葛城隆雄が台頭。またこの年高知商から入った須藤豊は二軍で西本幸雄監督に見いだされ一軍に抜擢される。

荒川（左）と山内（右）

野手陣は三宅宅三《みやけたくぞう》を除き、全員が20代というフレッシュな顔ぶれになる。

投手陣は植村義信が最高勝率を獲得。清峰伸銅から入った新人左腕小野正一がロングリリーフで好成績を上げる。

しかしこの年は阪急にも抜かれて首位西鉄から13・5差の4位に終わった。西鉄、南海の対決がヒートアップする中、蚊帳の外だった。

1957年──毎日オリオンズ最後の年　75勝52敗5分パ3位

別当体制の4年目。別当薫はこの年限りで選手を引退した。打線も投手力も整備が進んだが、南海、西鉄には及ばないという相変わらずの図式。高橋ユニオンズがわずか3年で大映スターズと合併し、大映ユニオンズになる。（1957年の記録は198ページ）

葛城隆雄と榎本喜八の関係は逆転した。葛城が山内和弘とともに主軸を打つ。慶應大から入った衆樹資宏《もろきすけひろ》が抜擢される。

投手陣では小野正一が大車輪の活躍。先発、救援で26勝を挙げる。稲尾和久やのちの杉浦忠に匹敵する活躍だったが、あまり評価されていない。

首位西鉄から8ゲーム差の3位。これが定位置になった感がある。

球界再編に巻き込まれて合併

1957（昭和32）年のオフ、大映ユニオンズ永田雅一オーナーから毎日オリオンズ側に対等合併の申し入れがある。7球団ではペナントレースが戦いにくいという理屈からである。これにより1958（昭和33）年からが大毎オリオンズとなる。「毎日」の名は8シーズンで終わった。

大映ユニオンズ（56年までスターズ）は1950年からの8年間、3位、4位、4位、3位、8位、6位、7位、7位。観客動員でも毎日を大きく下回る弱小球団だった。

しかしオーナーには大映の永田雅一が就任。チームを牛耳る。

以後大毎は1963（昭和38）年まで続くが、1965（昭和40）年1月に毎日新聞は資本を引き揚げる。永田雅一が大毎オリオンズを毎日新聞側に相談もなく64（昭和39）年チーム名を東京オリオンズにしたことに不快感を示したのがきっかけだという。

毎日新聞社が球団を保有したのは15年間だった。

1人の正力、1人の鶴岡なく

毎日オリオンズは、パ・リーグ草創期にあって強豪の一角を占める球団だった。それなりに人気もあり、強打者、好投手を輩出した。しかし万年3位に終わり、南海や西鉄と比べても地味なイメージが定着した。これは戦力の問題ではなく、球団をプロデュース、マネジメントする人材の不在によると思われる。

リーグ草創期、正力松太郎は毎日新聞社社長本田親男に「セの盟主巨人に対抗するパの盟主に」と期待をかけた。しかし、パ・リーグを実質的に牛耳ったのは大映の永田雅一だった。永田は正力への対抗心から様々な手を打ち続けた。また1953（昭和28）年には「パ・リーグ総裁」というポストを作ってこれに収まった。自身の大映スターズはふるわなかったが、この時代のパ・リーグは永田雅一によって振り回された。しかし短絡的で先を読む視点がなかったために十分な成果は生まなかった。この間、毎日球団の経営者が積極的に動いた形跡はない。毎日球団は具体的な構想がなく、だれが仕切っているか分からなかった。「顔」が見えなかったのだ。

球団マネジメントで見ても、南海の鶴岡一人、西鉄の三原脩は、思い切った選手の抜擢とユニークな作戦でチームを強化し、人気を呼んだ。これらの名将がチームに個性を与え、人々を熱狂させたのだ。毎日の湯浅禎夫、別当薫という指導者は凡将ではなかったが、現状維持が精いっぱいでチームを浮揚させることができなかった。また、チームに人気を呼ぶような個性も与えられなかった。

経営に1人の正力、現場に1人の鶴岡もいなかったことが「強いけど凡庸な」毎日オリオンズを生んだと言えよう。

毎日新聞グループのTBSは、2002年に横浜ベイスターズの経営権を得るが、このときもチーム作りができなかった。チームは低迷し、2012年にはDeNAに経営権を譲ることになる。

毎日新聞社は、朝日新聞、読売新聞と並び「野球の育ての親」と言ってもよいが、伝統的に球団経営は得意ではないということになるのではないか。

IT革命が進む中、新聞はもはやメディアのリーダーとは言えず、変革による生き残りの時期を迎えている。プロ野球は2018年には2555万人もの観客を動員したが、一方で「野球離れ」が急速に進行し、将来へ向けた改革を迫られている。

新聞もプロ野球も、パラダイムシフトが必要なのだ。ともに新しい時代に明るい展望を見出すことができるだろうか？

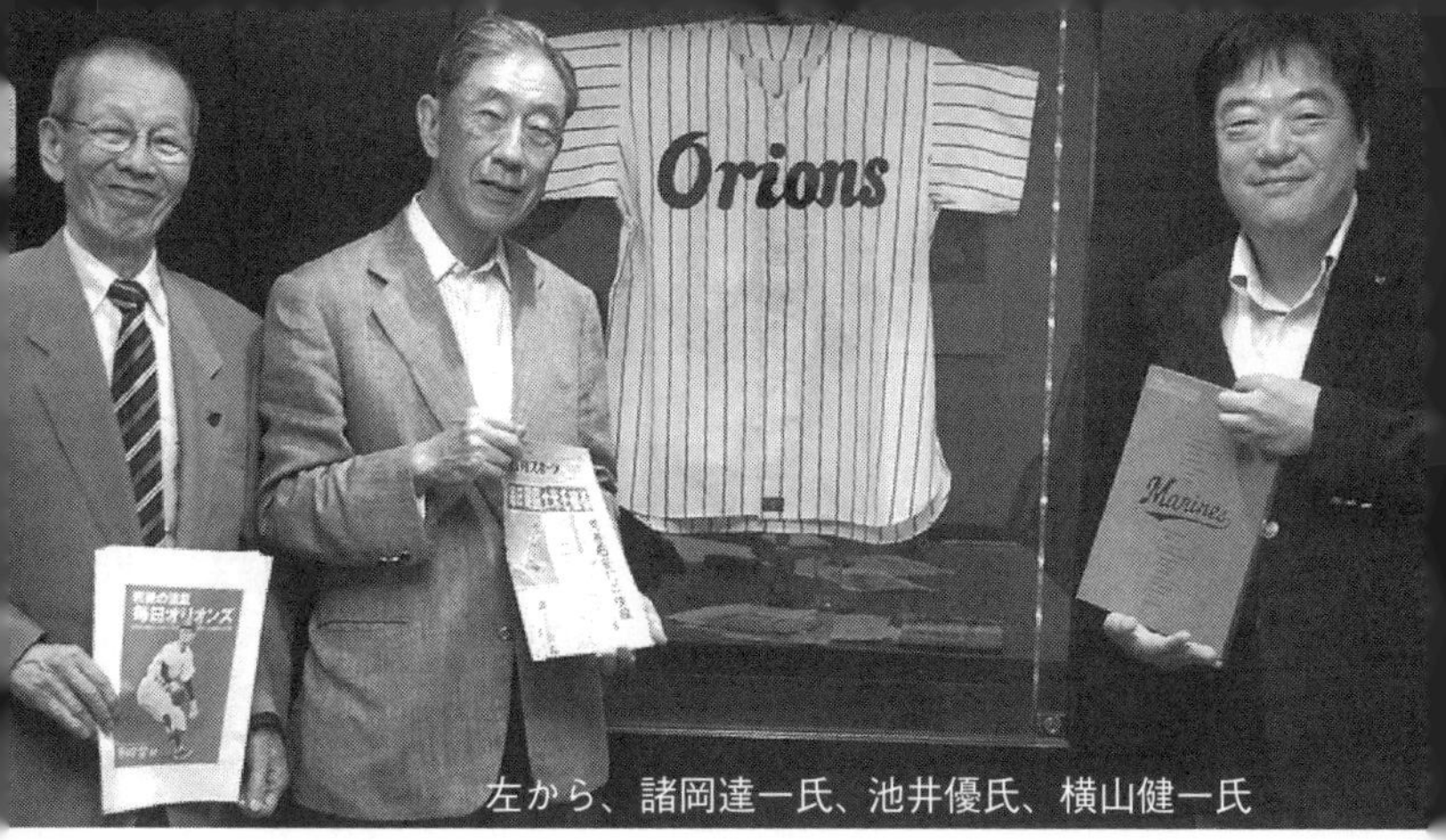

左から、諸岡達一氏、池井優氏、横山健一氏

第2章

スペシャル鼎談
パ・リーグ黎明の星「奇跡と軌跡」

写真中央のユニフォームは、別当薫が実際に着用していたもの。
このピンストライプが、戦後まもない野球を盛り上げた時代があった。
パ・リーグ黎明期に燦然と輝く星、毎日オリオンズ。
どのようにして生まれ、どう戦い、野球史にどんな足跡を残したのか。
３人が語るわが追憶の毎日オリオンズ。

出席者 諸岡達一／池井優／横山健一

協力●野球殿堂博物館　進行●野球雲 武田主税

毎日が球団を持ったのは運命

野球雲（以下雲）　まず、毎日オリオンズとの出会いはいつごろだったのでしょうか。

諸岡　祖父は大阪毎日新聞の学芸部長、親父も東京日日新聞の記者をやっていまして、私も昭和34（1959）年に毎日新聞に入社しました。そんな関係もありまして、昭和23、24年頃には毎日新聞が球団を持つという話が静かに伝わってきて、これは面白いことがありそうだということは察知しておりました。

野球を初めて観たのは小学校4年生の時、昭和21（1946）年6月30日の後楽園球場なんです。この試合は、川上哲治が熊本から巨人に復帰した3日目だったと思うんですが、黒沢（俊夫）が4番だったのに、「なんで川上なんて知らない奴が4番なのか？」というのが僕の最初の印象なんです。

それ以来、プロ野球はもちろん、昭和21年の東京六大学野球で東大が2位になったのもよく覚えています。特に、毎日オリオンズの試合は、後楽園の近くで生まれたものですから、よく観に来ていました。神宮球場で開催された日本シリーズ（当時は日本ワールドシリーズ）第1戦も行きました。

池井　「オリオンズの先発は若林忠志だってよ」というのが、最初の出会いです。ご存知のように昭和25（1950）年の日本シリーズは、パ・リーグの覇者毎日オリオンズとセ・リーグの覇者松竹ロビンスが戦ったわけですが、当然毎日の先発は荒巻だと思っていたら、40歳を越えその年たいして活躍もしなかった若林だと聞いて、子供心に非常に驚いたんですよ。

　後になって考えると、日本シリーズのような大事な試合の先発に、大ベテラン若林を起用しようというのは当時の湯浅（禎夫《よしお》）監督の策謀だったと…。そして、若林も第1球何を投げようか1週間考えていたということを後で聞きましてね。

　毎日対松竹の日本シリーズっていうのは、戦後を非常に象徴していると思うんですよね。当時プロ野球チームを持つオーナー企業は、御三家といわれた新聞社と映画会社と鉄道だったんです。鉄道の国鉄、西鉄、近鉄だとかいろいろありますけれども、毎日という新聞と松竹という映画のチームが争ったというのは、時代を象徴しているなあ、という気がしましたね。

雲　池井先生は、毎日というチームに、どのようなイメージをお持ちでしたか？

池井　毎日新聞がプロ野球チームを持ったということは1つ画期的なことだったと思うんです。朝日新聞が夏の甲子園をやっていて、毎日新聞は春休みに選抜を始めたわけです。読売新聞は、甲子園のスターが東京六大学へ来るから、うちはもう職業野球以外無いということで、日米野球でベーブ・ルースを招いて日米対抗戦を企画し、それが発展して巨人ができ、今の日本プロ野球になっていくわけです。

朝日の甲子園は予選から話題になって、メインは夏。毎日は春の選抜からだと言うけれど、やっぱり地区で選ばれて出てくるということに対して、いまひとつ野球ファンというのは馴染めないわけです。

そこで毎日とすれば、読売、朝日に対抗して、プロ野球チームを持って、そうすることによって、販売拡張にもつながるだろうという読みがあったと思います。有名な話だけど正力松太郎さんが、新球団を作って加盟することに自分は反対ではないと。あの時10球団の1リーグ構想だったんです。結局2リーグに分裂してしまうわけだけれど…。

僕は毎日のファンじゃなくて、南海ホークスが好きで、パ・リーグのファンなんですよ（笑）。別所を取られたので、この野郎と思って、それ以来ずっとアンチ巨人なんです（笑）。ただ残念だったのが、毎日の主力が阪神（当時大阪）からの移籍組だった。これはちょっと引っかかるものがありましたけどもね

近代野球の創始者湯浅禎夫

雲　少年時代、青年時代に見た試合、記憶に残っていることなど、ございますか？

諸岡　若林先発の話が出ましたけれど、湯浅監督というのは近代野球の創始者なんですね。先発ローテーションには荒巻淳、佐藤平七（函館オーシャン出身）を中継ぎとか抑えに使い、走塁をさせておいて、打てのサインを出すとか、今の野球に通じる野球を昭和25年から始めたのは湯浅なんですよ。

諸岡達一（もろおか・たついち）
元毎日新聞記者。野球文化學會創始者。

大正時代は明治大学の名投手で、ノーヒットノーラン2回もやってる人ですが、毎日新聞の運動部長からプロ野球の監督になったというのは、おそらく初めてのことです。湯浅が非常におもしろい分析をすると思ったのは、それこそ別所昭（のち毅彦）の話が出ましたが、別所が選抜中等野球大会に出場して、滝川中学と岐阜商の試合で怪我した時。この時神戸版の原稿を書いたのが湯浅。その時の書き方が非常に面白い。左肘を骨折して、グローブ無しでキャッチャーからの返球をゴロで転がしてもらったのですが、そんな大怪我をした原因は、9回表に一塁ランナーで出た別所がホームへ突っ込んだから（アウトになって延長に突入）。

当時の新聞の論調は、別所が可哀想というのが大半。しかし、湯浅の見解は「別所の本塁突入は投手としては自重すべき、三塁にとどまっておもむろに後続を待つべき戦機であった。お前は間違えている！」とはっきりそう書いているんです。

だから「泣くな別所、選抜の花だ」っていうのは、情緒的な見出しであって、本質はそうではないと、湯浅は言っている。選手をよく見て、冷静に試合の流れを考えて、試合を作った。湯浅に関してはそのようなことが言えると思います。だから若林先発というのは奇策でなく、計算に計算をした、そういう思いがしますね。

雲　湯浅監督は忘れられた野球人という印象ですが…。

諸岡　そうですね。野球殿堂入りしていないのはおかしいと思うんだけど。まあ「平和台事件」の張本人と言われているからね…。あれも言われているだけであって、時間を遅らせたのは、別に湯浅がやったわけじゃないんだけれども。

ピンストライプが最も似合った別当

池井　特にこの試合というより、やっぱり別当薫のバッティングと走塁の綺麗さね。特に、滑ったら膝で立つあのスライディングをする人です。最近いなくなっちゃったじゃないですか。見たことない。別当はあれが得意だったですからねえ。ちょっと猫背で、メガネをかけていて。オリオンズの縦縞のユニフォームがあんなに似合う人はいなかった。別当は戦争がなければもっと長く現役で活躍できたろうし、ただ不運だったのが監督して1000勝以上したのに、優勝を1回もしていないんですよね。それがちょっと七不思議みたいなものですね。

雲　別当さんについて、横山さんはいかがですか。

横山　僕が小さい頃から、必ず話題に出てこられる方で、スマートで格好良くって、別当さんを見てファンになったという方がたくさんおられます。でも、自分的にはやっぱり大洋ホエールズの監督（笑）。応援団長だった松本さんも、別当さんのファンだったとおっしゃってましたね。

諸岡　別当のすごかったのは、昭和25（1950）年日本ワールドシリーズ第6戦でサヨナラ勝ちした時の金山（次郎）のエラーを誘ったスライディング。大リーグ流というかタイ・カップ並みに猛烈にぶつかって、金山がエラー、河内卓司《こうちたくし》がホームインしてサヨナラ勝ち、それで4勝2敗で毎日が勝った。

雲　紳士でスマートなのに、ワイルドな部分もあるっていう選手ですね。

諸岡　別当はホームスチールやってるでしょ（昭和26年7月26日近鉄戦）。走塁については、今まであまり言われなかったけど未だに1イニング3盗塁の記録に残ってますよ。

横山　僕らぐらいの年からすると、やっぱり野球を変えたのは長嶋だ、中西太だ、みたいなことを言うんですよ。

諸岡　全然違いますよ。

雲　元祖トリプル・スリーですね。別当の存在っていうのは、当時の少年や野球好きにとってはどういう感じだったんでしょうか。

諸岡　僕にとっては、お風呂屋の下駄箱は25番っていうくらいです（笑）。

池井　洗練されて都会的、良い意味で慶應ボーイの雰囲気を持っている人でしたよね。ちょっとしたメガネを直す仕草とか。意識しているわけではないけれどかっこいい。泥臭い野球じゃないんですよね。

分裂ではなく「2リーグ創設」

諸岡　別当もそうですけど、阪神選手の移籍の話はいろいろな本に出てきますけど、私が直接尋ねたのは、土井垣さん。土井垣さんとOB会で会った時に、「俺の意思で毎日に来たに決まってるじゃないか！　今更聞くな！」と怒られてしまいました（笑）。若林さんと土井垣さんは全く別ルートで毎日に来ています。

雲　横山さんは、そのようなお話を後から聞いて、どうですか。

横山　結局、そこが誤解というか。毎日っていうのは阪神から選手を引き抜いて優勝したんじゃないかと必ずそう言われます。特に昔関西行くと…（ため息）。いつもそのことがつきまとうような感じでした。

諸岡　読売新聞の見出しで「引き抜き」のイメージが決まってしまったんですよ。これが読売が書いた見出しで（当時の新聞を取りだして）、昭和25年1月の「毎日別当らを引き抜く」っていうのが「言葉」として流布しただけなんです。小さな見出しなんだけど。

池井　いろいろ勘ぐる人に言わせると、毎日が阪神から選手を引き抜くと、阪神がガタガタになり、看板の巨人阪神戦が客を呼べなくなるのではと。そういう策謀があったのかと。ちょっと読みすぎかもしれないけれど。巨人対毎日じゃなくて、読売対毎日という、新聞社同士の競争というのも底流にあったんではないでしょうかね。

諸岡　まあその時は正力さんが、むしろ本田親男（当時毎日新聞社社長）と、連絡が密になっていまして、正力さんは読売からボイコットされるくらいの立場でしたから。

雲　もともと毎日側としてみたら、どのような形でパ・リーグに入って、どのような野球をやろうとしていたのでしょうか？

諸岡　それは湯浅禎夫の野球のやり方と今までの既成概念を壊そうという気持ちが強いんじゃないでしょうか。若林忠志がこの当時毎日新聞社会部長だった黒崎貞治郎と非常に仲が良かったということがあって、本田親男はそれほど野球を知らなかったけれども、当時は井口新次郎とか、野球に詳しい運動部の連中がたくさんいたものですから、1リーグだけで優勝するのではなく、アメリカ大リーグ的な2リーグで、ワールドシリーズで対戦して勝って優勝，そんな野球があるということを、若林と黒崎なんかが語り合っているという記録があるんですよ。

そういうことから考えると、やっぱり昭和22（1947）年から24（1949）年頃には毎日新聞運動部、ないし若林さんたち心の中には、日本にも2リーグの可能性があるという雰囲気は感じていたと思うんですよ。正力さんと本田さんの会談で、最初は10球団にして12球団になって、2リーグにするというようなことがあったかもしれないけれども、僕はあれは分裂という言葉は一切使わないで、「2リーグ創設」と言う言い方をしています。

阪急の村上さんも加わって、昭和24（1949）年の1年間というものは、日本のプロ野球が今の2リーグ時代を創る基礎の1年間なんですけど、ちょうどシールズが来た年で、非常にいろいろな出来事がごちゃごちゃありましたけれども、それらのことはさまざまな本に書いてありますが、間違った記載もあるんです。

池井優（いけい・まさる）
慶應義塾大学名誉教授。南海ホークスファン。

土井垣さんも、自分の口で言ってましたけれども、黒崎貞治郎と同じ列車で出会ったことがあったそうです。黒崎が荒巻夫妻を東京に連れて行って、本田親男に会わせるその日、名古屋で試合が終わった土井垣が同じ列車に乗ってきて、「おおなんだ荒巻じゃないか」と。

黒崎貞治郎はその席を離れ、土井垣を荒巻の隣に座らせて、東京まで行ったというのはあるんです。その時、土井垣に東京に着いたら本田親男に会わないかと、黒崎が提案、その後土井垣と本田親男は社長室で会っているんですね。そういうことがあって、土井垣は、湯浅は米子中学の大先輩ですし、新しい野球をやりたいということで、サイン盗みの名人本堂も一緒に連れて行くよって言ったのは、土井垣だったんです。

アマから「育成」が理想だった

雲　当時の阪神の人たちは、野球のレベルが高いということですね。だから毎日に入ったことで、湯浅のやりたい野球がプラスαされたということでしょうか。

諸岡　そういうことでしょうね。昭和24（1949）年阪神は若林が監督だったと思いますけれど、若林のやり方では、藤村（富美男）は言うこと聞かなかったわけですよ。

雲　若林は阪神でアメリカ的なファンサービスをやっていて、それをもっとやれる球団を求めていたということでしょうか？　阪神移籍組に星野組から来た荒巻、西本らが融合してチームができるのですが、荒巻はどういう選手だったんでしょうか。

池井　個人的には全く知りません。非常に綺麗なフォームの左腕で快速球をテンポよく投げたという、それしか記憶にないけれども。

諸岡　後楽園球場で星野組が優勝した時の都市対抗野球も見てますけども、とにかくあの頃は見た目にも球がすごく早かったですね。これはプロ野球の選手も打てないんじゃないかというくらい早かった。「火の玉投手」っていうのは中澤不二雄の命名なんです。荒巻さんは僕も直接会ったことがないんですけどね。

池井　毎日オリオンズを創る時の理想は、アマ球界から有望な選手を集めて、育てていこうということだったんです。それが1リーグ10球団が拒否され、2リーグになったんだから、いいじゃないかということで阪神から取ってきたというのが、どうも真相みたいですよね。

諸岡　紙が不足している時代、当時野球といったら通常の新聞はイニングスコアしか載っていない状況だったけれど、黒崎貞治郎が編集局長をつとめる「新大阪」（新大阪新聞社発行の夕刊地方紙）は、野球を一面トップ扱っていて、そんな新聞は「新大阪」以外なかったんですよ。だから当時、毎日も読売も朝日も、別会社として夕刊紙を作ってたりしてたんです。その時に職業野球東西対抗を「新大阪」が企画して、一面トップに毎日のようにデカデカと載っけたりしてたんです。

そういうことがあったんで、若林たちは野球振興に力を注いでいる「新大阪」にお礼によく来ていて、編集局というけど、「新大阪」は毎日新聞の社屋の中にあったんで、若林は毎日新聞にもしょっちゅう来ていた。結果的には取ってきたみたいになっているけれど、そういう縁から、若林は、毎日に来たのは意思であって、新しいリーグを創るという創設の心の方が先にあった。毎日が引き抜いたわけではありません。

「朝日」「読売」「毎日」、夕刊をめぐる戦い

池井　そう、やはりおもしろいのが新聞との関係なんですよね。今夕刊という話が出たけれども、それまで朝刊だけだったのですが朝日が昭和24（1949）年11月下旬に夕刊を発行すると発表した。びっくりしたのが読売と毎日で、朝日が12月1日から出すというんで、毎日は11月26日から夕刊を発行しちゃうんです。そうすると当然いろいろな夕刊向きの柔らかいネタが欲しいじゃないですか。

日本の新聞っていうのは大きく分けて2つの潮流っていうのがあって、1つは朝日毎日に見られるように、大阪発祥で自由民権派の政府批判の新聞。もう1つは江戸の瓦版の流れを取る新聞。だから読売は読み物を売る新聞なんですね。社会ネタが非常に強いので、大島の三原山で自殺が多いというとゴンドラで下りてみるとかね（笑）。東西囲碁の強い者を集めて大会をやるとか。非常に大衆的なことを読売はやっていたわけです。朝日というのは俺たちはインテリ向きとして進み、毎日と読売は夕刊発行を機に中間層を奪い合う。それも毎日がプロ野球チ

ームに積極的になった1つの理由じゃないかと思いますね。

諸岡　販売局からの要望が社長室に上がってきたんですよね。

池井　ちなみに昭和25（1950）年の初め、発行部数は「読売」が167万、それから「毎日」「朝日」がいずれも130万ですから、大衆路線を追求していた読売に抜かれ始めた時で、危機感を覚えてたかもしれないですね。

諸岡　そうだと思います。販売店の現場では、読売が巨人戦の切符を付けて売っているもんだから「毎日」を取ってくれないという…。だから、「毎日」が負けているっていうのは、販売の現場では大変な騒ぎだったわけです。これはやっぱりプロ野球持たないとイカンなという声も出てきた。本田親男は、最初「プロ野球なんか持つ必要ない、うちはノンプロを育てればいいんだ」というのが哲学だったんです。だけど正力さんに言われてその気になったんです。それはもういろいろな本に書いてありますね。

毎日は「東京っ子」のチーム

雲　お2人は、昭和25（1950）年の野球を見ているかと思うんですが、毎日の前評判は高かったと思いますが、どのような雰囲気だったんでしょうか。

諸岡　毎日対南海戦は、いつも満員でしたよ。本当に切符が買えないくらいで大変でした。南海が柚木《ゆき》（進 当時のエース）が投げて、毎日が荒巻が投げてなんていうと、熱狂したものです。あの頃の雰囲気っていうのは今みたいな応援団がないから、大リーグと同じように静かに見ているんですよ。野球の動きに合わせてワーとか言うくらいで、鳴物とかは一切ない。でも良かったと思いますよ。野球の道具の音っていうのはなんともいいですよ。

横山　実際、毎日と南海どっちのファンが多かったのですか。

池井　毎日は、別当のファンが多かったですよ。まだ戦後の続きですから、昭和25（1950）年は苅田久徳《かりたひさのり》なんかもいて、苅田にはマニアックなファンがいるんですよ。それから呉昌征《ごしょうせい》なんかも人気ありましたね。戦前からの渋い選手がたくさんいましたですね。それから「都市対抗野球」は、毎試合超満員でもうぎっちりです。昭和22〜24年はそれくらい野球に飢えていたんです。子供もみんな学帽かぶって観に来てた時代でした。

諸岡　昭和25（1950）年には、フランチャイズ的要素がまだないんだけれども、それこそ東京のチームっていう感じはありましたね。だから、これは応援する価値があるかなという東京っ子の思いはあったんじゃないですか。東映は一番東京っ子なんですけど、昭和11（1936）年のセネタースから続いていますからね。

阪神のダイナマイト打線を好きだった人は、毎日に引っ越した人いるんじゃないかな。それから東京六大学野球を好きな人は毎日の野球のファンが多かったですね。

僕が注目したのは河内卓司《こうちたくし》。1番サード、エラー王。失策もボールを落とすんじゃなくて暴投するの（笑）。1試合に1個必ずやる。それを楽しみに行っているような感じでした（笑）。河内卓司（主に三塁手）は慶應のOBで、昭和18（1943）年最後の早慶戦にも別当とともに出場していました。

河内卓司が面白いと思うのは、慶應出て「大洋漁業」に入って、都市対抗戦で1回戦か、2回戦で負けたか。その後「毎日オリオンズ」に入り、日本シリーズ6試合の三塁手最多捕殺26個。失策3個っていうのも記録で、長嶋と並んで今でも維持されているはず（笑）。それから別当と同じで1イニング3盗塁もやってんですよ。

球団の潮目となった「平和台事件」

雲　昭和27（1952）年に「平和台事件」が起きました。あれが球団にとって潮目というか、あそこでどう変わったのか。これを語らないと毎日オリオンズは先に進まない。

諸岡　（小さな声で）まあ、これはしょうがないですな（一同笑い）。湯浅監督がクビになったのは、やはり黒崎貞治郎の知恵で、次の監督に別当をあてた。それで事件（福岡のファン）を収めたんです。福岡のファンも「別当にするならしょうがない」と…、それで残りの平和台（事件翌日からの）2試合とも負けているんです。あの事件で新聞の不買運動の動きさえあったんですから、それはもうそれくらいだらしない試合やるのは当たり前だったのでしょう。

雲　そのくらい「平和台事件」の影響は大きかったのですね。横山さんの時代にも影響ありましたか？

横山　そこはやっぱり話で出てくるところですね。福岡に行くと、僕らが応援していた時代は金田（正一《まさかず》）監督だったので、別の意味で危険で、やっぱり「平和台事件」のことなどの悪口を言われましたよ。

諸岡　でも、午後5時試合開始っていうのはいくら7月16日でも、それがそもそも間違えているんじゃないですかね。ナイター設備もないし、ファン集まっちゃったからやらなきゃいけなかった。

雲　湯浅監督は野球論がすごい人だから、普通のファンからすると誤解されるようなこともやっちゃったんですかね。

諸岡　しょうがないでしょうね。4回の裏で午後7時21分ですから。当時からすると長い。

雲　「平和台事件」というのは、今日の野球史の中でどのように考えればよいでしょうか。

池井　遅延行為というのは非常にまずいことだけれども、やはり試合開始時間の問題ですよね。話は違いますが早慶6連戦の時も、あれも1時半試合開始なんだけど、あれもどうして時間を繰り上げなかったのか？　神宮球場も当時ナイター照明はないですから。あの時はやっぱり引き分け再試合だったんだけれども、そういう点、主催者側の配慮が大前提にあってしかるべきだと思いますね。

諸岡　その根本原因を何も語り継がないで、結果だけで言われていますからね。でも、その行為自体がやっぱりみっともなかったんですよね。守備についている選手が水飲みにきたりね。

池井　露骨だったからね（笑）。「なんばしちょっとるか〜！」て。

諸岡　そういうことが、新聞の部数につながると選手は誰も思っていなかったから。

横山　平和台については西鉄ライオンズの方からいろいろ聞いています。負けようものならどうし

横山健一（よこやま・けんいち）
元千葉ロッテマリーンズ球団職員。『千葉ロッテマリーンズ球団50年史』（1999年）編纂。

ようもないですから。稲尾さんがオリオンズの監督時代に言われていたのは、当時試合に投げてマウンドから降りる時、とにかく上を向いて帰れと、もうノックアウトされた時は何が飛んでくるかわからないから（笑）。勝っていればいいんだけれども、負けたらとんでもないことになる。

山内・榎本が変えた新しいオリオンズ

雲　昭和27年別当監督になって、その後山内和弘（のちに一弘）が入団。それまでの阪神移籍組から山内さんが入って、オリオンズのイメージが変わったんじゃないかと思います。山内さんの思い出はございますか？

諸岡　山内さんは毎日オリオンズOB会長をやっている時えらく親しかったんですよ。とにかく真面目。

池井　野球の虫ですよ。

諸岡　僕に対してもバッティングフォームを教え出したら止まらない。

池井　特にシュート打ちの名人だと言われていて、オールスターで広島の長谷川良平のシュートを、レフトギリギリにホームランを打つんですよ。「打つコツなんですか？」と聞いたら、食事の席でフォーク持ち出してやるんです。腰の回転がこうだとか言ってね。

諸岡　「野球文化學會」の総会にも3回くらい来ていただいてました。

雲　横山さんは山内さんと何度もお会いしているんですか？

横山　監督をされていた時、応援していました。本当に気さくな方で、試合の帰り西武球場から電車で隣りに座ると、今の話と全く一緒。「あいつのはこうでこうでって、ここがいかん、あそこがいかん」て。それで池袋着いちゃう（笑）。

雲　オリオンズを変えた感じはしますか？

諸岡　東京オリオンズになった時の話だったかもしれないけど、永田ラッパが別当をクビにして、西本さんにした大毎時代になった時の話なんだけど。西本さんは選手時代に実績のない監督で、やって行けるのかとみんな文句言ったんです。その時に山内が「この際は西本さんについていこう」と言って、みんなを収めたというのね。そういうのがあるから山内さんは人に好かれていたんじゃないかな。

池井　それとオリオンズを変えたというのは、やっぱり榎本喜八でしょうね。ほとんどの選手枠が決まっている時に、別当さんのところに榎本さんを連れて行ったら、一目で気にいったみたい。とにかく左ボックスからキーンって、本当に綺麗なフォームで打ってましたよね。

雲　今でいうとどのような選手なんでしょうか。

諸岡　バットスイングが早かった印象があります。大振りじゃなくてコンパクト。肘が閉まっていてね。そういう感じの印象を受けましたね。榎本はイチローみたいな内野安打ではないんですよ。クリーンヒット。

池井　大リーグのチームとやった時、向こうの監督が「oh ! he is good」と一目で見抜いたっていうね。

横山　ロッテの応援団長と榎本さんのお宅へ伺ったことがあって、ちょうど落合が絶好調の時で落合がどうだこうだという話を榎本さんと話したのを覚えているんですけど。自分とはちょっと違うと言ってました。

横山　晩年どうしても始球式に呼びたくて、何度もご自宅に行って、最初は固辞されていたんですけど、後年最後の最後になって連れ出そうとしたら奥さんにダメだと。「榎本は修行中の身です」と。結局最後まで叶わなかったですね。

諸岡　榎本は相手投手のデータなんて一切研究していない。ひたすら自分の打撃を追求することしか考えていない。

雲　ピッチャーでは小野正一《しょういち》さんがいます。小野さんはどうですか。

諸岡　小野はだいぶ後なので、「東京オリオンズ」になってからは、あんまり見に行ってない。東京球場は何回か行きましたけどね。

池井　小野正一は、長嶋のデビュー4打席4三振につながっているんです。金田正一《まさかず》が蕎麦屋に入ってテレビを見ていたら、オープン戦で長嶋が快打を連発していた。小野を打ったんで、「金田攻略も簡単でありましょう」とアナウンサーが言ったもんだから、「ふざけるな！」と。それで燃えたというのが金田さんの回顧録に書いてある。

諸岡　永田雅一になってからはあまり行かなくとなったけれども、僕はこれまでのプロ野球選手の中で一番すごいと思うのは飯島秀雄なんですよ。野球をしたことのない者でプロになったのは飯島秀雄だけなんだ。

飯島の出場した試合の成績は77勝37敗4引き分け（・675の勝率）と記録に出てますけど。塁上からの生還率が3割9分なんですよ。長嶋だって2割3分くらいですから。これ僕の計算なんだけど。赤星はすごいんだ、4割。ただホームランは別。飯島が出ると、どういうわけかいろいろなおもしろい試合がある。出ると何か起こる。永田ラッパの唯一優秀なのは飯島を取ったことくらいかな。橋本力（外野手）という初代大魔神のスーツアクターをやった人。あれだって永田がお前いい顔してるから俳優になれって。

池井　毎日は最初は良かったけれども、別当らベテランの力が落ちてきて、山内・榎本が出てくるまでの中間の時、選手層が薄くなりましたね。あの時うまく補強すれば。ファームがなかったということが毎日の悲劇だったという気がしますね。

諸岡　南海土建（南海ホークス社会人チーム）の方が強かった（笑）。

雲　横山さんは遠い昔の毎日ですけど、今のお話を聞いてどうですかね。

横山　今にして思えば短い間なんですけれど、当時としては2リーグになって長い時間にあるのかなと。もうちょっとうまくいかなかったのかなと本当に思いますね。

オリオンズはイケメンぞろい

雲　毎日でこの選手はもっと評価されても良かったというのはありますか？

横山　晩年しか見ていないわけですけど、やっぱり榎本さんですかね。さっき言ったように動画が少ないのが、本当に惜しいですね。オリオンズの選手も、榎本さんのところに行っても、教えてもらえないんですよ。得津さん（高宏ロッテ外野手）だけが教えてもらえたらしいです（笑）。

池井　僕は全然違った観点から、小田野柏《おだのかしわ》。僕は慶應の教授の時、外交官試験の指導をやっていたんです。小田野くんってのがいて、外交官試験受かって、今では東宮大夫ですよ。小野田姓は多いが小田野ってのは珍しい。そうしたら父ですと。プロ野球選手の息子が東宮大夫になったのかと。80過ぎても矍鑠《かくしゃく》として、昔の思い出話をよく語っていたそうです。

諸岡　たくさんいるけど、やっぱり河内卓司。河内卓司はおもしろかったなあ。暴投する以外はものすごくうまいですよ。昭和27年の試合なんだけど、川崎球場で大映対毎日があって、1回裏「毎日」の攻撃、河内四球、別当が中前安打で一、二塁、3番がセンター前抜けるかっていう強烈ライナーで、セカンドが取って、ショートに送ってフォースアウト1塁へ送ってトリプルプレー。

10回裏、西本が中前安打、河内が中前安打、別当がレフト前抜けるかというライナーを山田潔が取って、二塁、一塁と回ってトリプルプレー。1試合で二度三重殺っていうのはこの試合しかない。しかも、別当と河内は二度とも関わっている。河内はなんかおもしろい。

池井　あとは呉昌征ですね。彼は台湾出身で唯一殿堂入りしている人だから。２０１５年公開の台湾映画で嘉義農林が甲子園に出場し決勝まで進んだ「ＫＡＮＯ《カノ》」の中で自転車で試合を見に来る少年として出ているんですが、あれはちょっと嘘なんです。自転車で来られる距離に住んでいないんですよ。

雲　呉昌征は初めて20年現役をした選手ですね。巨人と阪神と毎日という強いチームにいて、どういう方だったんですか？

諸岡　ザトペックより前に人間機関車というニックネーム。背の高さは僕と同じくらいでしょ。162とか3。そんなもんだと思うんですよ。それこそ背面キャッチをよくやっていたよね。公式戦でやるんですよ。そういうのをまた観に行きたいんだよね子供は。

池井　昔トスバッティングなんかも背中回してやってましたよね。シートノックでもボールが消えるというね。

諸岡　湯浅監督はスタンドプレー禁止だった。毎日オリオンズになってから真面目に野球だけやれと。

雲　私が個人的に知りたいのは戸倉さん。優勝の翌年、阪急に出してしまうのだけど、あの方を出したのは痛かったと思うんですが…。

諸岡　風貌が北大路欣也のお父さん（市川右太衛門）に似ている。姪御さんがミスユニバースなんかの候補になって一時話題になりましたけど。やはり美男美女の系列だったんじゃないかな。オリオンズはみんないい顔していたんですよ。今でいうイケメンぞろい。別当、河内も慶應で、そもそも毎日新聞は慶應が多いんですよ。

毎日の参加でできたパ・リーグの礎

雲　毎日新聞が明治時代から野球に関わってきて、毎日オリオンズをつくるというのは筋が通っていますね。

諸岡　大毎野球団が元祖ですね。ほとんどセミプロですから。六大学の名選手みんな行くところないから大阪毎日新聞に入って。

雲　球団ができて7年くらい経った時、毎日新聞の中でオリオンズはどういう形で語られていたんでしょうか？

諸岡　永田さんに移ってからは、スポーツ面も大毎オリオンズの試合を大きく扱いましたね。それまでは我が社が持っている球団だから、いつもスポーツがトップでやってましたけどね。

横山　記録だとか写真だとか毎日の史料はいっぱいあるのですが、大毎になった途端、史料がなくなるんです。

雲　南海ホークスがあるのは、オーナー代わってもずっと続いているからですかね。

横山　「毎日」はオーナーが代わって、結局別のチームになっちゃってるわけです。名前はオリオンズのままだったけど、人気のある金田さんのチームになって。先ほど新聞の部数って話が出たけど、ロッテのチームになりましたね。

雲　歴史は勝手に作れないので、つながりを大事にしないと本当もったいないですね。

横山　その中では胸にちゃんと「M」マリーンズって書いてあるし。長く紐解いていけば東京オリオンズってだけで惹かれますよね。

諸岡　オリオンズって名前は、ハガキで5300枚来たんですから。公募してオリオンズに決まった。公募したというけれどなんか怪しいなあと思っていますけどね…。オリオンズの歌は今でもちゃんと歌えますよ。堀内敬三作詞作曲。これOB会では必ずみんなで歌ったんですよ。

横山　これを歌える人を今増やそうと思って。毎年ファン感謝デーでこういう歴史を3時間4時間話すんです。それで最後にこれを歌うということにしています。

一同　それは素晴らしい。

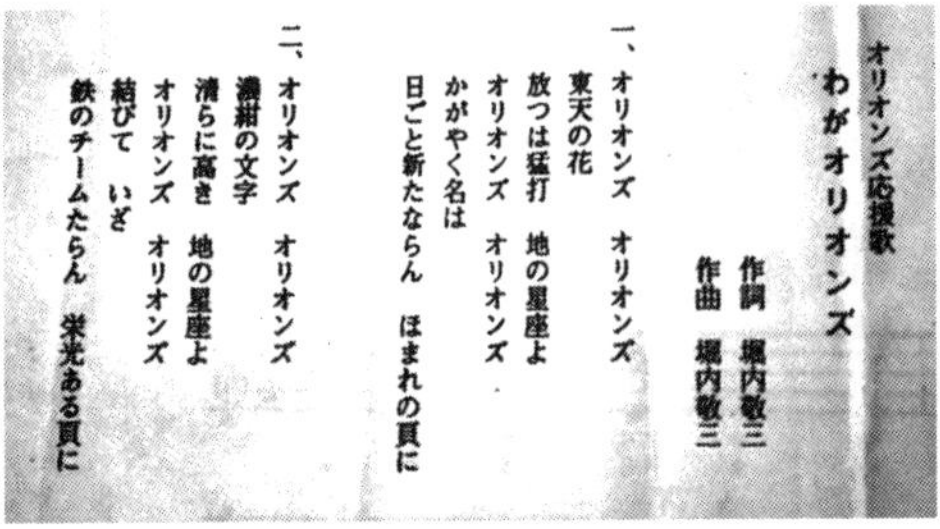

オリオンズ応援歌
わがオリオンズ
作詞　堀内敬三
作曲　堀内敬三

一、オリオンズ　オリオンズ
東天の花
放つは猛打　地の星座よ
オリオンズ　オリオンズ
かがやく名は
日ごと新たならん　ほまれの頁に

二、オリオンズ　オリオンズ
濃紺の文字
清らに高き　地の星座よ
オリオンズ　オリオンズ
結びて　いざ
鉄のチームたらん　栄光ある頁に

堀内敬三作詞球団歌の歌詞

球団史を遡ることが大切

雲　元球団職員の横山さんは、千葉ロッテマリーンズの先祖に当たる毎日オリオンズをどのように考えていますか。

横山　私はずっとオリオンズという先祖を大切にと言い続けてきました。どちらかといえば（運が）ついていないことの方が多く、ここ一番で勝てなかったり。昭和35（1960）年に日本一になっていれば、流れも違ったんだろうなあと。しかし、西本さんもあのオーナーで、あの監督ですから続かなかったかもしれないけれど（笑）。

諸岡　永田雅一の独占的な運営がお客さんを呼べなかったわけでしょ。つまり、球団経営としては失敗なんじゃないですかね。

横山　僕が球団に入った頃は、オリオンズは本当に忘れ去られていたんです。でも、今は球場が当時としてこうだったとか、また改めて脚光をあびるようになっている。僕が歴史を大切にすることは、野球の楽しみの大きな1つです。時代は後の話になるんですけど、例えば山内さんが監督で、相手はよりによって大沢（啓二）さんだったんですけど、プレーオフやると向こう側に、東映時代のファンがフライヤーズの旗を振ってみたりとか、そういうのがくるんですよ。こっちは全然そういうことがなかった。同じチームなんだけど、あまりにもドラスティックに変わりすぎている、それが原因かもしれませんね。

諸岡 読売ジャイアンツだって昭和11年のチームを継承しているかっていうと、全然違いますよね。

横山 私がいつも思うのは、千葉ロッテマリーンズのファンになったのは、例えば大学に入ったのと同じじゃないかと思うんです。入ったらこの学校はどんな学校で、どんな先輩がいるんだろうって、必ず遡る。遡ったところに、過去をリスペクトされてなくて、きちんと伝えていないようだったら、「なんだこんなチーム」ってことになっちゃいますよ。だから、マリンスタジアムにミュージアムを作ったりだとか、そういうことがすごく大事だなと思います。

池井 「毎日」がプロ野球経営から手を引いたということは、一時セ・リーグに水をあけられ、特に巨人と差がついてしまった大きな原因だったと思うんです。でもここに来て、パにとって非常に幸いなのは、日本ハムは北海道に行って、ソフトバンクは九州全体のチームになったし、マリーンズは千葉のチームになったし楽天も東北、フランチャイズになっています。今は高校生だって大学生だって、どこの球団に指名されても行きますと言ってます。大谷翔平なんて、本当に掘り出し物です。パ・リーグの今の歴史を遡っていくと、最初の礎が毎日新聞をバックとする1950年の毎日オリオンズがつくった、ということが再認識できますね。

第3章

毎日オリオンズ星列伝《スター》

２リーグ時代の夜明けを飾った個性派選手21傑

荒巻淳、西本幸雄、
今久留主淳など別府星野組や都市対抗野球出身者を中心に、
阪神タイガースから若林忠志、別当薫、土井垣武、呉昌征が加わり、
毎日オリオンズはスタートした。
２リーグ時代の幕開けを彩った個性派選手21傑！

別当薫《べっとうかおる》

野球界の貴公子
毎日オリオンズのイメージリーダー

１９２０年８月23日
兵庫県西宮市出身

スマートな体型に眼鏡をかけた強打者。別当は大下弘と違ったセンセーショナルな登場をした。甲陽中から慶應義塾大学に進んでからも、光の当たる場所を歩き続け、戦後阪神（当時大阪）タイガースに入団し、すぐに藤村富美男と二枚看板。野球選手というより役者のイメージだ。優しい男

が激しい走塁や強烈な打球を放つその姿に女性ファンも萌えた。

野球に対して大いなる熱さを持っているが、表に出さない情熱が都会的だ。毎日に移籍する際も、若林忠志に一任する姿勢もそうだ。毎日に入団後も、阪神時代と同じように本塁打を打ち、ヒットで出塁すれば、果敢に走塁をし、トリプルスリーを達成する。初代ミスターオリオンズの誕生だ。別当の都会的雰囲気が毎日オリオンズのイメージを決めたといっても過言ではない。


現役生活は短かったものの通算3割を超え、監督になっても優勝はなかったが1000勝を達成できたのは別当のスマートなイメージと選手を育てる寛容さを持っていたからに違いない。

1999年4月16日死去(享年78歳)。1988年野球殿堂入り。

年度	所属	試合	打数	得点	安打	二塁打	三塁打	本塁打	打点	盗塁	四球	死球	三振	打率
1948	阪神	89	348	67	114	19	4	13	57	16	29	0	17	.328
1949	阪神	137	572	129	184	28	6	39	126	13	48	2	44	.322
1950	毎日	120	477	108	160	23	4	43	105	34	49	0	36	.335
1951	毎日	108	398	77	123	23	7	16	67	22	44	1	38	.309
1952	毎日	120	456	93	127	26	10	18	67	40	56	0	30	.279
1953	毎日	82	279	38	85	16	4	11	48	14	33	0	18	.305
1954	毎日	108	339	51	84	15	2	11	45	34	27	1	40	.248
1955	毎日	73	239	35	66	15	1	4	24	9	27	0	15	.276
1956	毎日	50	80	9	22	5	0	0	10	4	9	0	15	.275
1957	毎日	4	3	0	0	0	0	0	0	0	0	0	1	.000
毎日合計		665	2271	411	667	123	28	103	366	157	245	2	193	.294
通算合計		891	3191	607	965	170	38	155	549	186	322	4	254	.302

呉昌征《ごしょうせい》

人間機関車
強肩・鉄壁・巧打の三拍子の選手

1916年6月28日
台湾出身（台湾名 呉波）

台湾の嘉義農林学校出身で甲子園大会にも出場。その後、巨人、阪神で不動のリードオフマンとして活躍「人間機関車」と言われ、打撃だけでなく守備、走塁三拍子そろった選手だった。守備に関してはイチローのような強肩で、守備範囲が広く外野のいちばん深いところからホームにストライクを投げるのは当たり前のような素晴らしさで、強肩とコントロールの良さを見

込まれて投手もやり、ノーヒット・ノーランも達成。

戦前のボールの飛ばない時代に2度の首位打者を獲得。1942年は史上唯一の2割台（・286）でタイトル。

1944年に阪神に移籍、1945年1月5日甲子園で行われた職業野球戦前最後の試合まで出場。1950年毎日に移籍した理由の1つに土壇場でパ・リーグ参加を覆し、巨人についた阪神球団の裏切りに憤ったことの他に、戦中戦後の一番苦しい時代にともにした若林といっしょに野球をしたいとの気持ちが大きいと言われている。1987年6月7日死去（享年70歳）。1995年野球殿堂入り。

年度	所属	試合	打数	得点	安打	二塁打	三塁打	本塁打	打点	盗塁	四球	死球	三振	打率
1937春	巨人	55	194	36	56	5	8	0	19	18	51	2	23	0.289
1937秋	巨人	19	55	6	18	2	2	0	4	4	4	0	12	0.327
1938春	巨人	32	81	17	17	0	2	0	7	9	29	1	15	0.210
1938秋	巨人	5	11	1	3	0	0	0	0	0	2	0	2	0.273
1939	巨人	49	43	13	7	2	0	0	1	2	5	0	14	0.163
1940	巨人	91	269	40	53	7	6	2	25	13	39	3	40	0.197
1941	巨人	85	265	43	59	6	5	1	30	14	58	2	19	0.223
1942	巨人	105	370	65	106	11	11	1	35	40	77	1	35	0.286
1943	巨人	84	297	68	89	12	4	2	20	54	85	1	25	0.300
1944	阪神	20	74	20	22	5	0	0	3	19	18	0	7	0.297
1946	阪神	101	388	78	113	10	7	1	32	25	54	1	25	0.291
1947	阪神	115	445	81	119	15	9	1	28	40	64	1	29	0.267
1948	阪神	135	527	79	146	14	3	0	24	35	70	3	32	0.277
1949	阪神	82	184	31	41	6	1	0	10	14	33	0	16	0.223
1950	毎日	98	361	89	117	23	11	7	45	29	42	1	36	0.324
1951	毎日	104	381	59	115	13	4	3	25	18	35	4	26	0.302
1952	毎日	108	267	41	69	13	2	1	27	16	50	1	20	0.258
1953	毎日	101	250	47	68	5	3	0	14	8	43	0	27	0.272
1954	毎日	89	115	16	28	5	2	1	10	8	19	2	21	0.243
1955	毎日	107	167	33	55	2	0	1	23	13	23	1	19	0.329
1956	毎日	72	82	6	13	2	0	0	4	1	10	0	15	0.159
1957	毎日	43	41	11	12	1	1	0	3	1	9	0	7	0.293
毎日合計		722	1664	302	477	64	23	13	151	94	231	9	171	0.287
通算合計		1700	4867	880	1326	159	81	21	389	381	820	24	465	0.272

土井垣武《どいがきたけし》

熱血・闘魂、物言う捕手
元祖打てる捕手

1921年7月21日
鳥取県米子市出身

1940年に阪神に入団、戦前はカイザー田中の陰に隠れていたが、戦後、阪神の正捕手であり、ダイナマイト打線の中核として、打率3割2分以上を記録する強打者でもあった。「物言う捕手」として闘魂あふれるプレーで人気を博し、右手にマスクを持ち両手を広げて「しまっていこうぜ!」

と甲高い声で鼓舞する姿に、周りは頼もしさを感じたに違いない。

1950年阪神フロントとの確執から毎日に移籍、息の合った本堂二塁手も連れてきた。和製ヨギ・ベラとも言われ、日米野球で来日したベラに「道具の手入れの方法」を聞いたという。捕手としての基本の基本をやることを素直に行った土井垣でもあった。漫画ドカベンの土井垣将のモデルとも言われている。野球殿堂入りしていないのが不思議な選手の1人。1999年1月25日死去（享年77歳）。

年度	所属	試合	打数	得点	安打	二塁打	三塁打	本塁打	打点	盗塁	四球	死球	三振	打率
1940	阪神	22	41	0	8	1	0	0	7	0	6	0	2	.195
1941	阪神	71	194	13	44	8	0	1	18	0	22	0	11	.227
1942	阪神	72	277	37	69	6	8	1	23	9	34	0	11	.249
1946	阪神	99	412	70	134	16	10	4	70	8	37	0	19	.325
1947	阪神	116	429	50	111	17	8	2	47	16	59	3	25	.259
1948	阪神	138	544	56	155	38	5	4	70	14	39	1	29	.285
1949	阪神	126	473	78	155	26	7	16	86	4	41	3	18	.328
1950	毎日	112	428	64	138	18	2	15	72	16	44	1	20	.322
1951	毎日	103	370	39	99	13	2	8	60	6	43	2	24	.268
1952	毎日	119	422	55	125	25	5	13	72	7	50	4	34	.296
1953	毎日	92	314	19	83	14	1	6	43	0	16	1	21	.264
1954	東映	139	464	52	134	26	4	7	56	6	57	2	37	.289
1955	東映	115	286	13	73	8	0	1	21	0	25	1	28	.255
1956	阪急	78	118	5	22	4	0	1	8	1	8	1	14	.186
1957	阪急	11	11	0	1	0	0	0	1	0	1	0	5	.091
毎日合計		426	1534	177	445	70	10	42	247	29	153	8	99	.290
通算合計		1413	4783	551	1351	220	52	79	654	87	485	19	298	.282

荒巻淳《あらまきあつし》

火の玉投手
毎日投手陣の屋台骨

1926年11月16日
大分県大分市出身

「とにかく早かった」と荒巻を見た人は言う。社会人野球で大活躍した荒巻は、毎日オリオンズの骨格を作った投手だ。和製ボブ・フェラーといわれ、細身でメガネを掛けた優男《やさおとこ》は別当と人気を二分した。

1年目にいきなり26勝8敗、防御率2・06で最多勝と防御率1位を獲得。

パ・リーグのスターになった。１９５０年代の10年間で１７３勝をあげ、３回20勝投手になり、先発、リリーフと一番信頼された投手でもあった。44歳の若さで亡くなったのが残念でならない。１９７１年５月12日死去（享年44歳）。

１９８５年野球殿堂入り。

年度	所属	利	登板	完投	完封	勝利	敗戦	セーブ	SP	勝率	投球回	安打	本塁打	四死球	三振	自責点	防御率
1950	毎日	L	48	16	3	26	8	5	21	.765	274.2	240	11	56	150	63	2.06
1951	毎日	L	31	7	1	10	8	3	8	.556	144.1	139	6	29	55	39	2.43
1952	毎日	L	26	4	1	7	6	2	4	.538	110.1	94	7	22	55	23	1.88
1953	毎日	L	50	8	1	17	14	5	17	.548	248	198	8	50	122	59	2.14
1954	毎日	L	49	15	5	22	12	7	15	.647	271	234	13	46	130	70	2.32
1955	毎日	L	49	11	1	18	12	7	15	.600	245	203	13	59	130	64	2.35
1956	毎日	L	56	11	2	24	16	7	22	.600	263	202	7	46	123	62	2.12
1957	毎日	L	46	6	2	15	11	3	10	.577	175.2	142	8	42	87	42	2.15
1958	大毎	L	52	6	0	17	10	5	13	.630	244.2	183	11	61	109	58	2.13
1959	大毎	L	55	1	0	17	8	7	24	.680	159.1	136	12	36	72	40	2.26
1960	大毎	L	21	0	0	0	2	2	2	.000	38.2	38	3	10	24	18	4.19
1961	大毎	L	23	0	0	0	0	2	2	.000	26	24	1	10	10	7	2.42
1962	阪急	L	2	0	0	0	0	0	0	.000	2	1	0	2	2	1	4.50
毎日合計			355	78	16	139	87	39	112	.680	1732	1452	73	364	852	422	2.19
通算合計			508	85	16	173	107	55	153	.680	2202.2	1834	100	476	1069	546	2.23

山内和弘《やまうちかずひろ》（一弘）

オールスター男
パ・リーグのイメージを上げた選手

1936年5月1日
愛知県一宮市出身

毎日オリオンズは創設1年目で独走状態で優勝した。球団はリーグ戦力均等化のために4番の戸倉を阪急に譲渡。今久留主《いまくるす》淳《なお》と小田野柏を西鉄との間でシーズン中（50年8月）に交換トレードした。しかし、与那嶺要や中西太の獲得に失敗、大下弘も寸前に西鉄に入団。そこに、1952年入団

してきたのが山内であった。

初年度に44試合の出場ながら、・３３６の高打率を残し、3年目の１９５４年に１４０試合で、・３０８、28本塁打、97打点で打点王に輝いた。そこからの活躍は凄まじくパ・リーグを代表する打者に成長した。毎日時代はレギュラーになって全て3割以上を打ち、西鉄の強打者に対抗した。

オールスター戦でよく活躍し、賞品を獲得、オールスター男と呼ばれた。１９６４年には世紀のトレードで阪神、広島でも活躍し、史上２人目の２０００本安打を達成。その後は指導者としても幾多の打者を育てた。野球の話を聞かれれば誰でも真剣に話をされる。とても優しく人間性あふれた人物であった。２００９年2月2日死去（享年76歳）。２００２年野球殿堂入り。

年度	所属	試合	打数	得点	安打	二塁打	三塁打	本塁打	打点	盗塁	四球	死球	三振	打率
1952	毎日	44	113	16	38	8	0	1	13	4	10	0	11	0.336
1953	毎日	72	213	36	52	8	4	7	24	9	31	1	40	0.244
1954	毎日	140	504	85	155	21	4	28	97	13	80	2	72	0.308
1955	毎日	137	492	87	160	31	4	26	99	12	81	5	60	0.325
1956	毎日	147	500	86	152	47	4	25	72	16	92	4	48	0.304
1957	毎日	126	435	85	144	27	6	29	81	10	73	1	44	0.331
1958	大毎	76	260	33	74	17	1	13	43	4	36	3	33	0.285
1959	大毎	112	425	72	136	32	6	25	74	4	51	3	31	0.320
1960	大毎	133	483	93	151	31	1	32	103	5	67	2	40	0.313
1961	大毎	140	498	87	155	32	6	25	112	6	72	2	37	0.311
1962	大毎	128	470	82	157	38	5	18	72	3	61	1	33	0.334
1963	大毎	147	502	85	142	25	4	33	86	2	76	0	49	0.283
1964	阪神	140	506	80	130	24	3	31	94	10	73	0	51	0.257
1965	阪神	127	460	50	120	23	2	20	65	5	46	0	56	0.261
1966	阪神	125	438	54	112	24	1	18	54	1	50	2	47	0.256
1967	阪神	130	482	64	125	12	2	18	63	5	42	2	42	0.259
1968	広島	134	467	65	146	27	1	21	69	6	53	0	60	0.313
1969	広島	100	310	49	85	12	0	21	38	1	46	1	48	0.274
1970	広島	77	144	9	37	9	0	5	27	2	21	0	18	0.257
毎日合計		666	2257	395	701	142	22	116	386	64	394	13	275	0.311
通算合計		2235	7702	1218	2271	448	54	396	1286	118	1162	29	820	0.295

榎本喜八《えのもときはち》

孤高の天才・完璧を求めた男

1936年12月5日
東京都中野区出身

榎本喜八ほどミステリアスで、様々な伝説やうわさ話に満ちた野球人はいない。しかし、言えることは「天才打者」ということだ。榎本と同時代活躍した野球人の全てが「天才榎本喜八」の凄さを語る。そして真面目過ぎた孤高の天才とも。

榎本の打撃理論は、プロの人間にもわからない

といわれ、剣豪のような雰囲気があり、打席に立つ姿はまさしく達人のようだった。栄光へ上がるにつれて自分を追い詰めて、遊びのない心はますます追い詰める。そこに天才が故の苦しみがあった。誰にも話せない、誰も話しかけられない。安打のほとんどが内野を抜けるもので、内野安打が少なかったのも通算打率3割を切った要因ともいわれているが、榎本だからしょうがないのだ。

打撃に対する求道心は結果よりプロセスなのだ。打ちたくない球はきちんと見逃す、それが四球の多さにつながった。時代はやっと榎本をきちんと評価するようになった。それが好球家には嬉しい。

２０１２年３月14日死去（享年75歳）。２０１６年野球殿堂入り。

年度	所属	試合	打数	得点	安打	二塁打	三塁打	本塁打	打点	盗塁	四球	死球	三振	打率
1955	毎日	139	490	84	146	24	7	16	67	12	87	10	55	.298
1956	毎日	152	524	74	148	29	8	15	66	4	95	4	41	.282
1957	毎日	128	446	68	120	22	6	9	50	4	68	5	46	.269
1958	大毎	123	431	63	112	27	1	13	43	6	52	2	68	.260
1959	大毎	136	496	68	137	23	2	11	49	8	69	5	47	.276
1960	大毎	133	494	94	170	37	5	11	66	15	67	12	33	.344
1961	大毎	137	543	93	180	28	7	8	42	9	43	9	22	.331
1962	大毎	125	483	79	160	28	2	17	66	5	36	2	28	.331
1963	大毎	143	532	70	169	25	0	18	64	8	48	4	23	.318
1964	東京	149	540	83	161	25	1	17	71	17	86	10	19	.298
1965	東京	139	493	64	132	30	4	10	57	16	60	6	29	.268
1966	東京	133	476	81	167	31	1	24	74	14	68	7	20	.351
1967	東京	117	372	55	108	13	1	15	50	10	83	8	33	.290
1968	東京	129	487	70	149	31	0	21	77	7	62	2	62	.306
1969	ロッテ	123	400	60	109	17	1	21	66	9	54	1	42	.273
1970	ロッテ	110	303	42	86	10	0	15	39	7	49	1	46	.284
1971	ロッテ	45	90	10	22	3	1	4	18	1	10	0	15	.244
1972	西鉄	61	163	11	38	6	0	1	14	1	25	2	16	.233
毎日合計		419	1460	226	414	75	21	40	183	20	263	19	142	.284
通算合計		2222	7763	1169	2314	409	47	246	979	153	1062	90	645	.298

本堂保次《ほんどうやすじ》

サイン盗みの天才・内野の要

1918年3月18日
大阪府八尾市出身

1937年に大阪（のち阪神）タイガースに入団してすぐに主力選手となっている。本堂は渋く、打順も2番、6番あたりを打つ名脇役だ。戦後藤村富美男の派手なプレーはゴメンだとの発言が伝えられ、ざわついてきた阪神に疲れ、土井垣に誘われ移籍したのかもしれない。

今でもサイン盗みの名人と言われている。捕手の土井垣と組んで相手チームの攻撃の抑止力になったのだろう。その努力は戦前の選手として

左が本堂。

は珍しく相手の癖などをメモしていたからともいわれている。ある意味敵に回すと怖い選手だった。

1997年6月8日死去（享年79歳）。

年度	所属	試合	打数	得点	安打	二塁打	三塁打	本塁打	打点	盗塁	四球	死球	三振	打率
1937春	タイガース	13	17	5	3	1	0	0	1	0	3	0	1	.176
1937秋	タイガース	37	123	20	24	3	0	0	9	5	18	0	6	.195
1938春	タイガース	24	65	15	16	2	3	0	14	3	15	1	7	.246
1938秋	タイガース	35	87	8	24	6	0	1	7	0	10	0	9	.276
1939	タイガース	74	292	43	76	9	6	5	36	11	35	1	22	.260
1940	阪神	101	391	52	95	26	5	3	36	18	40	2	33	.243
1944	阪神	31	119	19	32	10	2	0	24	6	12	0	3	.269
1946	阪神	99	394	58	117	17	5	7	69	20	41	1	17	.297
1947	阪神	112	431	38	122	19	5	2	62	10	32	0	20	.283
1948	大陽	114	422	48	104	16	6	5	37	21	18	1	29	.246
1949	阪神	76	301	33	91	22	2	4	40	5	13	2	12	.302
1950	毎日	120	468	73	143	20	2	12	84	13	26	3	18	.306
1951	毎日	94	325	34	75	13	0	3	32	7	24	0	16	.231
1952	毎日	120	422	51	114	19	3	6	56	15	57	2	33	.270
1953	毎日	101	356	42	94	22	3	6	39	8	27	3	19	.264
1954	毎日	96	264	17	50	7	0	3	24	0	23	4	24	.189
1955	毎日	78	208	10	44	5	0	1	10	3	11	2	14	.212
1956	毎日	46	67	5	18	1	0	0	8	0	8	0	6	.269
1957	毎日	3	2	0	0	0	0	0	0	0	1	0	0	.000
毎日合計		658	2112	232	538	87	8	31	253	46	177	14	130	.255
通算合計		1374	4754	571	1242	218	42	58	588	145	414	22	289	.261

三宅宅三《みやけたくぞう》

1921年2月22日～2006年4月16日
岡山県倉敷市出身

明治大学を経て、倉敷工業の監督となり甲子園にも出場するものの、毎日オリオンズのテストを受けて29歳で入団。一塁と外野を守り、1951年からは4年間はレギュラーとして活躍した。1957年引退後は、球団スカウトなどを歴任した。

外人枠の問題で台湾からの投手（三宅宗源）を養子縁組してロッテに入団させたことでも知られている。父親が市会議員をやっていた関係で将来議員になるために、覚えやすい名前として付けられたことでも知られている。

	試合	打数	得点	安打	二塁	三塁	本塁	打点	盗塁	四球	三振	打率
8年 1950−1952	723	2087	304	547	95	19	73	312	125	185	165	0.262

西本幸雄《にしもとゆきお》

1920年4月25日～2011年11月25日
和歌山市出身

大毎、阪急、近鉄の監督として8回のリーグ優勝を飾り、日本一にはなれなかったもののパ・リーグ一筋の野球人生に今もファンが多い。星野組から火の玉投手荒巻とともに入団。初年度から一塁手として規定打席に届かなかったものの、チームを引っ張る立場でもあった。1951年にプロ野球としては唯一の左利きの二塁手として出場した珍記録を持っている。1954年からコーチ兼任となり、指導者としての道を進んでいった。1960年大毎オリオンズ監督に就任、1年目にリーグ優勝したものの日本シリーズで4連敗で敗戦。大毎オーナー永田雅一と衝突し辞任した。1988年野球殿堂入り。

	試合	打数	得点	安打	二塁	三塁	本塁	打点	盗塁	四球	三振	打率
6年 1950-1955	491	1133	151	276	41	14	6	99	44	135	58	0.244

チャーリー・ルイス

1925年5月30日〜
アメリカ・ハワイ出身

1954年、ハワイのハワイ朝日から毎日オリオンズに捕手として入団、土井垣武が1953年限りで東映フライヤーズに移籍。土井垣の穴を埋めるには十分の働きをした。1年目に130試合に出場。打率・293、本塁打15本、打点90で打撃成績8位、オールスターに出場、ベストナインにも選ばれた。翌年も135試合に出場。打率・261、本塁打9本、打点73で2年連続でオールスター出場、ベストナインに選ばれた。1955年は本塁打は落ちたが、二塁打は山内と並ぶ31本を記録した。日系選手ではない外国人選手が捕手として、ベストナインに選ばれた唯一の選手。惜しくも2年で退団してしてしまったのは残念であり、オリオンズの正捕手は1957年の醍《だい》醐《ご》猛《たけ》夫《お》まで待たなくてはならなかった。

	試合	打数	得点	安打	二塁	三塁	本塁	打点	盗塁	四球	三振	打率
2年 1954-1955	265	980	106	271	62	12	24	163	16	87	76	0.277

北村正司《きたむらしょうじ》

１９２８年６月２日～１９８１年１月16日
アメリカ・ハワイ出身

日系二世の北村は、ハワイのハワイ朝日でプレーしていたところをスカウトされ、１９５２年シーズン途中から入団。優男なルックスで、どこでも守れる内野手として、遊撃を中心に二塁、三塁も守った。身体が小さくパワーはなかったものの、１９５３年は32犠打でパ・リーグ１位だった。１９５４年に入団以来、最高の試合出場（１２６）をしたが退団。写真を見る限り明るいキャラクターで都会的な雰囲気を醸し出していた。

	試合	打数	得点	安打	二塁	三塁	本塁	打点	盗塁	四球	三振	打率
3年 1952-1954	279	796	68	177	17	6	3	55	9	58	45	0.222

小森光生《こもりみつお》

1931年11月2日～
長野県松本市出身

1949年松本市立高校から夏の甲子園出場。準々決勝で佐々木信也がいた湘南高校に敗戦。その後、早稲田大学へ進学、広岡達朗（遊撃）と三遊間を組み人気を博す。1954年毎日オリオンズに入団。1年目に三塁手としてレギュラーになり、・208ながら規定打席に入る活躍、1957年に三塁は葛城に奪われるものの、内野、外野とユーティリティイープレーヤーとして重宝された。1962年に近鉄に移籍、1965年8月5日に史上100人目となる1000試合出場を果たした。引退後は近鉄、広島、ヤクルト、横浜大洋でコーチを歴任した。

	試合	打数	得点	安打	二塁	三塁	本塁	打点	盗塁	四球	三振	打率
13年	1060	2994	312	691	124	27	49	240	76	216	442	0.231

1952-1957毎日　1958-1961大毎　1962-1966近鉄

荒川博《あらかわひろし》

1930年8月6日〜2016年12月4日
東京都台東区出身

早稲田実業から早稲田大学に進学。卒業後1953年毎日オリオンズに入団。眼鏡をかけた親しみやすいルックスから放つ左の好打者として活躍し、後輩の榎本喜八を指導し成功したことから、その後打撃コーチとしての道を進むようになった。巨人のコーチ時代には王貞治を一本足打法に変えて、世界の本塁打王まで育てた。

	試合	打数	得点	安打	二塁	三塁	本塁	打点	盗塁	四球	三振	打率
9年	802	2005	207	503	100	13	16	172	20	229	134	0.251

1952-1957毎日　1958-1961大毎

大館勲《おおだていさお》

1917年4月9日～2000年6月8日
アメリカ・ハワイ出身

1935年旧制平安中学から夏の甲子園に出場、その後社会人野球を経て1949年阪神タイガースに入団。しかし、毎日オリオンズの徳網茂とトレードされ、西本、三宅とともに一塁を守った。徳網は土井垣が毎日に移籍したため、すぐに阪神の正捕手として活躍した。大館は代打の切り札として活躍し、通算代打本塁打9本は当時の記録だった。ルックスも含めて西本と違うタイプの頼れる選手として1954年に主将となり、翌年引退。1952年の平和台事件では、毎日の宿舎までファンが集まり「土井垣を出せ」と叫んでいるところに、大館が出てきて「本当にみっともないところをお見せして恥ずかしかった」と謝ると、「毎日にはこんな立派な男もいると」と西鉄ファンにいわれ、ひとり男を上げた。

	試合	打数	得点	安打	二塁	三塁	本塁	打点	盗塁	四球	三振	打率
7年	264	380	25	96	17	1	13	52	1	31	100	0.253

1949阪神　1950-1955毎日　1950年から大館勲夫

植村義信《うえむらよしのぶ》

1935年1月5日〜
兵庫県芦屋市出身

芦屋高校のエースとして、1952年夏の甲子園で優勝投手、1953年毎日オリオンズに入団。1954年から3年連続216回以上を投げ、1956年には19勝5敗で最高勝率のタイトルを取った。しかし、故障と病気で26歳の若さで引退、その後は各球団のコーチを歴任、1984年は日本ハムの監督に就任した。通算74勝69敗防御率2・69。

	登板	完投	完封	勝利	敗戦	投回	本塁	奪三	自責	防率
9年	322	29	6	74	69	1240	79	832	370	2.69

1953-1957毎日　1958-1961大毎

末吉俊信《すえよしとしのぶ》

1927年2月11日〜2016年2月24日
福岡県出身

旧制小倉中学で活躍後、早稲田大学に進学、早稲田大学のエースとして、リーグ優勝5回、通算44勝をマークし、1952年に毎日オリオンズに入団。1年目にオールスター戦に出るなど人気もあり、活躍を期待されたが1954年退団。1955年に毎日新聞社に入社、1966年まで新聞記者を務めた。

	登板	完投	完封	勝利	敗戦	投回	本塁	奪三	自責	防率
3年 1952-1954	47	3	0	8	12	163	9	52	73	4.03

和田《わだ》功《いさお》

1933年6月19日〜
京都府出身

桂高校から1952年に毎日オリオンズに入団。2年目から3年連続200回以上を投げ、先発にリリーフにと速球とドロップを駆使して活躍したが、全盛期は短く1959年に阪神に移籍、その年引退した。成績は59勝40敗防御率2・70。

	登板	完投	完封	勝利	敗戦	投回	本塁	奪三	自責	防率
8年	237	20	4	59	40	886.1	47	565	266	2.70

1952-1957毎日　1958大毎　1959-1960阪神

榎原好《えばらよしみ》

1924年9月3日〜1998年5月27日
京都府出身

1950年毎日オリオンズ初の開幕投手。初先発初勝利を飾った。法政大学を卒業後、社会人野球、国民リーグ熊谷レッドソックス、篠崎倉庫を経て1950年毎日オリオンズに入団。初年度に16勝7敗の活躍をし、3番手4番手の投手として安定した活躍をした。

	登板	完投	完封	勝利	敗戦	投回	本塁	奪三	自責	防率
10年	285	45	14	77	70	1273	97	720	457	3.23

1950-1955毎日　1956-1958近鉄　1959南海

レオ・カイリー

1929年11月30日～1984年1月18日
アメリカ・ニュージャージー州

1950年代の毎日オリオンズ投手陣の中で、荒巻淳の次に知名度があるのはレオ・カイリーかもしれない。朝鮮戦争の兵役で横須賀の基地に駐屯していたカイリーは1953年夏毎日オリオンズに入団。日本初の大リーガーとして日本のマウンドで投げることとなった。8月8日の初登板では調整不足のため3失点だったが、逆転して初勝利。その後完封を含む5連勝で、実力を見せた。しかし、その活躍は突然終わる。除隊のため9月3日に帰国してしまった。当時の大リーグと日本のプロ野球の実力の差もわかった1か月だった。翌年、アルバイト選手禁止令のコミッショナー通達が出たため、カイリーのような事例は基本的に無くなった。

	登板	完投	完封	勝利	敗戦	投回	本塁	奪三	自責	防率
1年	6	3	1	6	0	45	2	32	9	1.80
MLB通算	209	8	1	26	27	523	39	212	196	3.37

河内卓司《こうちたくし》

１９２０年４月26日～２０１６年６月８日
広島県広島市出身

最後の早慶戦にも出場した、河内は戦後大洋漁業を経て、１９５０年毎日に入団。遊撃、三塁を守ったが、悪送球が多い選手で１９５０年の失策59はリーグトップだった。しかし、何かをやってくれそうな雰囲気があったようで、日本シリーズの優勝を決めたサヨナラホームを踏んだ。１９５４年高橋ユニオンズに移籍。毎日の第1試合の一番打者だったが高橋でも初試合を一番サードで登場した。

	試合	打数	得点	安打	二塁	三塁	本塁	打点	盗塁	四球	三振	打率
7年	688	2254	254	604	70	18	11	204	72	177	146	0.268

1950–1953毎日　1954高橋　1955トンボ　1956高橋

野村武史《のむらたけし》

１９１９年４月５日～１９８５年１月29日
岐阜県出身

１９５０年毎日入り。投球回の割に被安打がかなり多く打たれているのに、勝率1位のタイトルをとった。打たれても内野ゴロで併殺というパターンが多かったと思われる。柔よく剛を制すというタイプで、日本シリーズでは水爆打線松竹ロビンス相手に3勝をあげ、その投球術を見せつけＭＶＰ級の活躍をした。通算73勝73敗でちょうど5割。

	登板	完投	完封	勝利	敗戦	投回	本塁	奪三	自責	防率
8年	230	60	9	73	73	1199	70	376	427	3.20

1946セネタース　1950–1953.1956毎日　1954高橋　1955トンボ

松竹ロビンス小西得郎監督（左）と
毎日オリオンズ湯浅禎夫監督（右）

第4章

再現！第1回日本シリーズ

2リーグ最初の年、毎日オリオンズが初の王者

セ、パ両リーグの覇者が戦い、
日本一のプロ球団を決める日本シリーズ。
野球シーズンの最後を飾るイベントとして、
2019年70回目を迎える。
その第1回が行われたのは1950（昭和25）年晩秋。
セ・リーグは、1936（昭和11）年から続く松竹ロビンス、
パ・リーグは、この年新規参入した毎日オリオンズ
どちらも大量の選手補強を行い、負けられない意地があった。

第1戦
毎日 松竹
3 — 2

誰もが驚いたベテラン若林の先発、161球の完投勝利。

1950年11月22日 ● 明治神宮野球場 ● 23018人

阪神から毎日に移籍した若林は42歳になっていた。シーズン中は阪神時代のような大車輪の登板はなく、14試合登板4勝3敗で防御率3・70という物足りない成績であった。シリーズ1か月前、湯浅監督に志願して、先発投手としての準備を始め、第1球目に何を投げるかを決めていた。

そのためにシーズン終盤の11月12日の対近鉄戦に先発、そこで若林は松竹打線を想定した投球をした。周囲からはシーズンの帳尻合わせに登板と思われたかもしれないが、日本シリーズにかける若林の意気込みは高かった。その近鉄戦で完封勝ちを収め、シリーズの戦い方をしっかり予習していった。当日、進駐軍の慰問で来日していたフランク・オドゥールとジョー・ディマジオが始球式をするために神宮球場に来た。そこに一緒にいたマー

第1戦12回表、毎日は伊藤の二塁打で奥田、河内が生還し勝ち越した

カット少将と雑談し、「絶対勝てよ」と励まされ、リラックスしていた若林はあらためて勝利への思いを強くした。若林先発は、敵も味方も驚いた。誰もが26勝で最多勝、２・06で防御率1位の荒巻を予想していたからだ。

しかし、老練な若林は、松竹打線を抑えるための見本のような投球術で、試合は進んでいった。松竹打線は、あえてボール先行のカウントにしてから打者を打ち取る配球に、戸惑っていた。毎日は2回、土井垣四球、本堂の安打から片岡が中前打で1点、7回まで2安打に抑えられていた松竹も、8回に荒川、大島、三村の安打で1対1に追いつく。そして、9回に岩本の三塁ゴロを河内の失策（暴投）で無死2塁、しかし、今でも謎となっている岩本の三盗失敗で、サヨナラのチャンスを逃した。

12回表毎日は2安打と四球の二死満塁のチャンスに、守備固めの伊藤が二塁打を放ち2点をあげた。その裏松竹は、エース真田が代打で右前打、荒川にも連打され無死1、3塁、次打者木村の一塁ゴロ併殺崩れの間に真田が生還、3対2となった。一塁に走者が残ったが、代打網島は中飛、1番金山は内角シュートを打ちショートゴロに討ち取られ試合終了。

松竹先発大島は好投したが報われなかった。若林は「打球のタイミングを外したことと、裏をかいたことが成功した」と語り、湯浅監督は「若林しかできない投球術」と絶賛した。

オリオンス	
5	河内
9	呉
8	別当
7	戸倉
2	土井垣
4	本堂
3	片岡
6	今久留主功
1	若林

TEAM	1	2	3	4	5	6	7	8	9	10	11	12		R	H	E
毎日	0	1	0	0	0	0	0	0	0	0	0	2	…	3	9	1
松竹	0	0	0	0	0	0	0	1	0	0	0	1	…	2	7	2

ロビンス	
4	金山
5	三村
8	小鶴
9	岩本
3	大岡
7	吉田
2	荒川
6	宮崎
1	大島

毎日		打数	得点	安打	打点	四球	死球	三振						
(三)	河内	6	1	1	0	0	0	0	【1】ニゴロ	【3】中飛	遊ゴ失	投ゴロ	【10】遊飛	左前安
(右)左	呉	4	0	0	0	1	1	0	左飛	遊ゴロ	投ゴロ	【8】投ゴロ	死球	四球
(中)	別当	5	0	2	0	1	0	0	左前安	四球	投ゴロ	中越3	中飛	遊飛
(左)	戸倉	4	0	1	0	0	0	0	三ゴロ	一邪飛	【6】左前安	遊ゴロ	………	………
右	伊藤	2	0	1	2	0	0	0	………	………	………	………	右直	左2
(捕)	土井垣	4	1	0	0	2	0	0	【2】四球	【4】三ゴロ	遊飛	ニゴロ	【11】右飛	四球
(二)	本堂	5	0	1	0	1	0	0	中前安	投ゴロ	三邪飛	【9】投ゴロ	四球	ニゴロ
(一)	片岡	4	0	2	1	0	0	0	中前安	左前安	左直	遊ゴ失	………	
走	白川	0	0	0	0	0	0	0	………	………	………	………	………	
一	西本	0	0	0	0	0	0	0	………	………	………	………	………	
一	三宅	1	0	0	0	0	0	0	………	………	………	………	遊併打	
(遊)	今久留	3	0	0	0	0	0	0	一ゴロ	遊ゴロ	【7】右飛	………	………	
打	長島	1	0	0	0	0	0	1	………	………	………	三振	………	
遊	奥田	1	1	1	0	0	0	0	………	………	………	………	【12】右前安	
(投)	若林	5	0	0	0	0	0	0	投併打	【5】三ゴロ	ニゴロ	遊ゴロ	一飛	

松竹		打数	得点	安打	打点	四球	死球	三振						
(二)	金山	6	0	0	0	0	0	0	【1】三ゴロ	右飛	中飛	二飛	【11】投ゴロ	遊ゴロ
(三)遊	三村	5	0	1	1	0	0	0	中飛	【4】右飛	遊ゴロ	右前安	遊ゴロ	
(中)	小鶴	3	0	0	0	2	0	0	右飛	右直	【7】四球	左飛	四球	
(右)	岩本	5	0	0	0	0	0	0	【2】三ゴロ	ニゴロ	三ゴロ	【9】三ゴ失	三野選	
(一)	大岡	5	0	1	0	0	0	1	三安	【5】ニゴロ	右飛	三振	右飛	
(左)	吉田	2	0	1	0	1	0	0	左前安	四球	中飛	………	………	
三	平野	1	0	0	0	0	0	0	………	………	………	三ゴロ	………	
打	真田	1	1	1	0	0	0	0	………	………	………	………	【12】右前安	
(捕)	荒川昇	5	1	2	0	0	0	0	一直	中直	【8】右前安	【10】中飛	右前安	
(遊)	宮崎仁	2	0	0	0	0	0	0	【3】投ゴロ	三ゴロ	………	………	………	
打左	木村勉	3	0	0	1	0	0	0	………	………	中飛	ニゴロ	一ゴロ	
(投)	大島	4	0	1	0	0	0	0	一ゴロ	【6】ニゴロ	二安	中直	………	
打	網島	1	0	0	0	0	0	0	………	………	………	………	中飛	
	計	43	2	7	2	3	0	1						

毎日			球数	打者	投回	安打	四球	死球	三振	失点	自責
○	若林	(1-0)	161	46	12	7	3	0	1	2	2
松竹			球数	打者	投回	安打	四球	死球	三振	失点	自責
●	大島	(0-1)	153	51	12	9	5	1	1	3	3

▼盗塁　荒川昇、白川、呉　▼盗塁刺　岩本　▼残塁　毎 12、松 8
▼失策　河内、三村、大岡　▼併殺　毎 1、松 2

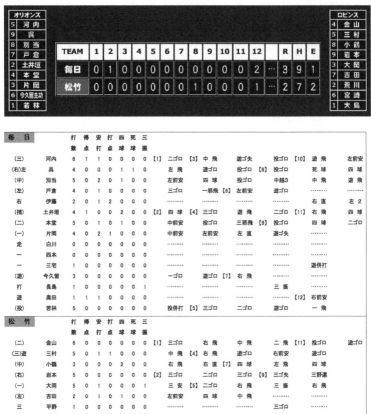

第２戦
毎日 松竹
５ — １

地味な投手野村が、大きな仕事。松竹打線爆発せず。

１９５０年11月23日◉後楽園球場◉３５５４１人

この日の主役は毎日第3の投手であった。これも湯浅監督のシリーズに対する考え方なのか、エース荒巻でなく、2番手の榎原好でもなく、先発ローテーション3番手の野村武史だった。野村は荒巻に続く投球回217回を投げ、18勝4敗。・818の勝率で最高勝率のタイトルを獲得した。被安打は投球回をはるかに超える258本も打たれながら、防御率3・34で9位の不思議な投手だった。

1回表松竹はいきなり、1番金山、2番三村と連続安打、いよいよ松竹の水爆打線炸裂かと思われたが、小鶴、岩本、大岡が凡退、立ち上がりのピンチを乗り越えると、その裏呉昌征がシリーズ1号本塁打、続く別当、戸倉、本堂の集中打で1回2点を先制。3回には呉が四球、別当二塁打、戸倉、土井垣と連続安打で2点を追加、5回には別当の2打席連続二塁打、四球、内野安打などで5対0となった。松竹は出塁するものの、野村のシーズン中と同じ、ランナーを貯めてもゴロを打たせて併殺という投球をこの試合でも発揮、松竹打線は4併殺となり得点を奪えない。

しかし、8回三塁手河内の失策で小鶴が出塁後、4番岩本が本領発揮の二塁打で1点を返したがここまで。野村は1失点完投勝利。前日の若林同様、軟投型の投手にやられてしまった。毎日は、戸倉、本堂、土井垣、奥田も2安打、別当も猛打賞で投打がかみ合い勝利。松竹の小鶴は2試合ノーヒット、3、4、5番で1安打ではきびしかった。そして、シーズン23勝の江田の不調が大きかった。

湯浅監督（右）

ロビンス	
4	金山
5	三村
8	小鶴
9	岩本
3	大岡
7	吉田
2	荒川
6	宮崎
1	江田

TEAM	1	2	3	4	5	6	7	8	9		R	H	E
松竹	0	0	0	0	0	0	1	0	…	1	7	0
毎日	2	0	2	0	1	0	0	0	X	…	5	13	1

オリオンズ	
5	河内
9	呉
8	別当
7	戸倉
2	土井垣
4	本堂
3	片岡
6	奥田
1	野村武

松　竹		打数	得点	安打	打点	四球	死球	三振									
(二)	金山	4	0	2	0	1	0	0	【1】	中前安		左越2		四　球		投ゴロ	二ゴロ
(三)遊	三村	4	0	1	0	0	0	0		右前安		投ゴロ		投ゴロ		遊ゴロ	
(中)	小鶴	4	1	0	0	0	0	1		三　振		三ゴロ		中　飛	【8】	三ゴ失	
(右)	岩本	4	0	1	0	0	0	0		三ゴロ	【4】	遊　直		三ゴロ		左線2	
(一)	大岡	3	0	0	1	1	0	0		中　飛		四　球	【6】	中　飛		遊ゴロ	
(左)	吉田	3	0	0	0	0	0	1	【2】	遊ゴロ		三　振		遊ゴロ		………	
三	平野	1	0	0	0	0	0	0		………		………		………		三ゴロ	
(捕)	荒川昇	3	0	2	0	1	0	0		中前安		四　球		右越2		遊ゴロ	
(遊)	宮崎仁	2	0	0	0	0	0	0		三併打		中　飛		………		………	
打左	木村勉	2	0	0	0	0	0	0		………		………		中　飛	【9】	捕邪飛	
(投)	江田	1	0	0	0	0	0	1	【3】	三　振		………		………		………	
投	井筒	2	0	1	0	0	0	0		………	【5】	右前安	【7】	三ゴロ		………	
打	眞田	1	0	0	0	0	0	1		………		………		………		三　振	
	計	34	1	7	1	3	0	4									

毎　日		打数	得点	安打	打点	四球	死球	三振								
(三)	河内	3	0	1	0	1	0	0	【1】	一ゴロ		遊ゴロ		右前安		四　球
(右)左	呉	3	2	1	1	1	0	0		右越本	【3】	四　球		中　飛		右　直
(中)	別当	4	3	3	1	0	0	0		中前安		右越2	【5】	左越2	【7】	左　飛
(左)	戸倉	2	0	2	0	1	0	0		左前安		遊　安		四　球		………
右	伊藤	1	0	0	0	0	0	0		………		………		………		三ゴロ
(捕)	土井垣	4	0	2	1	0	0	0		遊ゴロ		三　安		二　安		投ゴロ
(二)	本堂	4	0	2	1	0	0	0		左前安		遊併打		三ゴロ	【8】	左前安
(一)	片岡	4	0	0	0	0	0	0		二ゴロ		投ゴロ		三ゴロ		右　飛
(遊)	奥田	4	0	2	0	0	0	0	【2】	一ゴロ	【4】	左前安	【6】	左前安		三ゴロ
(投)	野村武	4	0	0	0	0	0	0		一　直		二併打		二ゴロ		右　飛
	計	33	5	13	4	3	0	0								

松　竹			球数	打者	投回	安打	四球	死球	三振	失点	自責
●	江田	(0-1)	47	16	3	7	1	0	0	4	4
	井筒		64	20	5	6	2	0	0	1	1

毎　日			球数	打者	投回	安打	四球	死球	三振	失点	自責
○	野村武	(1-0)	112	37	9	7	3	0	4	1	0

▼本塁打　呉 1号(1回1点江田)　▼盗塁　三村　▼残塁　松 9、毎 7
▼失策　河内　▼併殺　松 4、毎 1

第3戦

毎日　松竹
6 — 7

大エース真田重蔵先発、松竹意地の1勝、接戦を制す。

1950年11月25日 ● 阪神甲子園球場 ● 19399人

松竹はいよいよエース真田が先発、毎日は33歳で9勝の佐藤平七だ。真田はシーズン39勝、投球回395・2回と酷使され、その上毎日打線には有効ということで、投げたことのないシュートの練習で右肘痛を訴えていた。しかし、周りからはサボタージュだと誤解されていた。松竹2連敗のあと「負けてもいいから投げろ」とオーナー田村駒治郎から言われマウンドに立った。

毎日は初回安打と失策で先制点、4回には本堂が1号本塁打、4回まで2対0でリード。その裏松竹は小鶴四球、岩本二塁打と無死二、三塁と攻めて佐藤を降板させ、荒巻がリリーフで登場、それでも不調の大岡が意地の左前安打、シリーズ好調（2試合で・500）荒川の三塁打で4点を取り逆転した。

しかし、7回表、土井垣、西本、代打片岡の安打で2点を取り、1死でランナー片岡で荒巻の右中間ランニング2点本塁打で6対4と再逆転した。しかし、松竹はそれまで安定していた荒巻を攻め、９回裏西本一塁手の失策から、安打、四球と続き、満塁押し出し。それまで凡退続きだった三村のサヨナラ逆転打とエース真田で1勝2敗とした。毎日に傾きかけていた流れが松竹の方に戻された大きな勝利のように思えたが、真田はチームで孤立気味であった。それが後から響くのだった。

松竹ロビンスの真田重蔵

オリオンズ	
5	河 内
7	呉
8	別 当
9	伊 藤
2	土井垣
4	本 堂
3	西 本
6	奥 田
1	佐 藤

TEAM	1	2	3	4	5	6	7	8	9		R	H	E
毎日	1	0	0	1	0	0	4	0	0	…	6	8	2
松竹	0	0	0	4	0	0	0	0	3x	…	7	7	2

ロビンス	
4	金 山
5	三 村
8	小 鶴
9	岩 本
3	大 岡
7	木 村
2	荒 川
6	宮 崎
1	真 田

毎 日		打数	得点	安打	打点	四球	死球	三振				
(三)	河内	5	0	1	0	0	0	2	【1】三 振	左前安	三 振	三 飛	三ゴロ
(左)	呉	2	1	1	0	2	0	0	左前安	四 球	【6】四 球	遊ゴロ	
(中)	別当	3	0	1	0	1	0	0	左前安	二 直	投ゴロ	【8】四 球	
(右)	伊藤	4	0	0	0	0	0	1	三 振	【4】右 飛	左 飛	投ゴロ	
(捕)	土井垣	4	1	1	0	0	0	1	右 飛	三 振	【7】遊 安	左 飛	
(二)	本堂	3	1	1	1	1	0	0	【2】三ゴロ	左越本	一ゴロ	四 球	
(一)	西本	4	1	1	1	0	0	0	右 直	投ゴロ	二 安	二ゴロ	
(遊)	奥田	2	0	0	0	0	0	0	三ゴロ	【5】投ゴロ	………	………	
打	片岡	1	0	1	1	0	0	0	………	………	中前安	………	
走遊	今久留	1	1	0	0	0	0	0	………	………	………	【9】投ゴロ	
(投)	佐藤	1	0	0	0	0	0	0	【3】中 飛	………	………	………	
投	荒巻	2	1	1	2	1	0	0	………	四 球	中 本	三 飛	
	計	32	6	8	5	5	0	4					

松 竹		打数	得点	安打	打点	四球	死球	三振				
(二)	金山	4	0	1	1	1	0	1	【1】投ゴロ	右前安	三 振	遊ゴ失	四 球
(三)	三村	5	0	1	2	0	0	0	左 飛	三ゴロ	【5】遊ゴロ	左 飛	左越安
(中)	小鶴	3	1	0	0	1	0	2	遊ゴロ	【4】四 球	三 振	【8】三 振	
(右)	岩本	3	1	1	0	1	0	0	【2】四 球	左線2	二ゴロ	投ゴロ	
(一)	大岡	4	0	1	2	0	0	0	遊ゴロ	左前安	【6】遊ゴロ	二ゴロ	
(左)	木村勉	4	2	0	0	0	0	0	二ゴロ	投ゴロ	遊ゴロ	【9】一ゴ失	
(捕)	荒川昇	3	2	2	1	1	0	0	四 球	右越3	投ゴロ	投 安	
(遊)	宮崎仁	3	0	1	0	0	0	0	左 飛	遊 安	【7】遊 飛	………	
打	吉田	1	0	0	0	0	0	0	………	………	………	投ゴロ	
(投)	真田	3	0	0	1	1	0	0	【3】遊ゴロ	右 飛	三ゴロ	四 球	
走	綱島	0	1	0	0	0	0	0	………	………	………	………	
	計	33	7	7	7	5	0	3					

毎 日			球数	打者	投回		安打	四球	死球	三振	失点	自責
	佐藤		49	13	3	+	2	3	0	0	2	2
●	荒巻	(0-1)	80	25	5.1		5	2	0	3	5	4

松 竹			球数	打者	投回	安打	四球	死球	三振	失点	自責
○	真田	(1-0)	131	37	9	8	5	0	4	6	4

▼本塁打 本堂 1号(4回1点真田)、荒巻 1号(7回2点真田)
▼盗塁 伊藤 ▼盗塁刺 金山、荒巻、別当 ▼残塁 毎 4、 松 6
▼失策 西本、今久留、木村勉、真田 ▼併殺 毎 0、 松 1

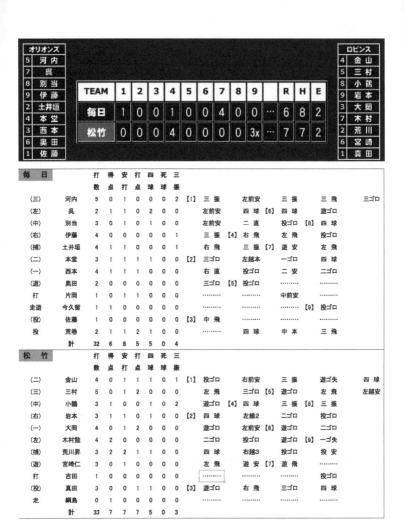

第４戦
毎日　松竹
３ ― ５

松竹打線動き出す！ 小鶴誠に初安打、２勝２敗の五分とする。

1950年11月26日◎阪急西宮球場◎35518人

第1戦と同じ毎日若林と松竹大島が先発、投げ合いとなった。第4戦は松竹の水爆打線の威力が出てきた。1回表、松竹は金山が内野安打、三村のセカンドゴロで二塁へ進塁、ここで3試合無安打だった小鶴が待望の中前初安打を放ち（初打点）先制。その裏、毎日も河内が右前打で一死から別当の二塁打で同点となったが4回表、小鶴が四球で歩き、4番岩本が2ラン本塁打を打ち3対1と逆転、続いて好調荒川が二塁打、宮崎が右前打で1点追加で4対1となった。

6回にも河内の失策から1点追加で5対1。しかし、毎日は9回裏別当がこの日2本目の二塁打で口火を開き、本堂、片岡、土井垣の3連打で2点を取り、今度は毎日が前日の松竹のように逆転サヨナラになるかという展開も、なぜか代打に投手の野村武史、セカンドゴロ併殺打を打ち万事休すの敗戦。先発の若林は完投負けで、2勝2敗の五分になった。

前日、エース真田で勝ち、腰痛で苦しんでいる小鶴に初安打が出て、不協和音があった松竹にいよいよエンジンがかかってきたように見えた勝利だった。毎日の主砲別当は好調な打撃が続いているものの、若林の投球は初戦のものとは違うものだった。松竹大島は我慢の投球でシリーズ初勝利。

岩本義行と小鶴誠（右）

ロビンス	
4	金山
5	三村
8	小鶴
9	岩本
3	大岡
7	木村
2	荒川
6	宮崎
1	大島

TEAM	1	2	3	4	5	6	7	8	9		R	H	E
松竹	1	0	0	3	0	1	0	0	0	…	5	7	0
毎日	1	0	0	0	0	0	0	0	2	…	3	8	2

オリオンズ	
5	河内
7	呉
8	別当
9	伊藤
4	本堂
3	片岡
2	土井垣
6	奥田
1	若林

松竹		打数	得点	安打	打点	四球	死球	三振								
(二)	金山	4	1	1	0	0	0	0	【1】	遊安		遊飛	【5】	三ゴロ		二飛
(三)	三村	4	0	0	0	0	0	0		二ゴロ		右飛		中飛		三直
(中)	小鶴	3	1	1	1	1	0	0		中前安	【4】	四球		左飛	【8】	遊ゴロ
(右)	岩本	4	2	2	2	0	0	0		左飛		左越本	【6】	三ゴ失		二安
(一)	大岡	4	0	0	0	0	0	0		遊ゴロ		一飛		投ゴロ		遊ゴロ
(左)	木村勉	4	0	1	1	0	0	0	【2】	投ゴロ		三ゴロ		遊安		二飛
(捕)	荒川昇	4	1	1	0	0	0	0		遊ゴロ		左越2		遊ゴロ	【9】	二ゴロ
(遊)	宮崎仁	4	0	1	1	0	0	1		二飛		右前安		三ゴロ		三振
(投)	大島	4	0	0	0	0	0	0	【3】	二ゴロ		左直	【7】	一ゴロ		三ゴロ
	計	35	5	7	5	1	0	1								

毎日		打数	得点	安打	打点	四球	死球	三振								
(三)	河内	4	1	2	0	0	0	0	【1】	右前安		右飛	【6】	遊ゴロ		右前安
(左)	呉	3	0	0	0	0	0	2		三振		三振		捕邪飛		………
打	長島	1	0	0	0	0	0	0		………		………		………		遊ゴロ
左	白川	0	0	0	0	0	0	0		………		………		………		………
(中)	別当	4	1	2	1	0	0	0		左越2	【4】	遊ゴロ		二ゴロ	【9】	右越2
(右)	伊藤	4	0	1	0	0	0	0		一ゴロ		二安	【7】	遊ゴロ		中飛
(二)	本堂	2	1	1	1	2	0	0		左飛		四球		四球		右前安
(一)	片岡	4	0	1	0	0	0	0	【2】	三ゴロ		遊併打		遊ゴロ		右前安
(捕)	土井垣	4	0	1	1	0	0	0		二ゴロ	【5】	二ゴロ		二ゴロ		左前安
走	荒巻	0	0	0	0	0	0	0		………		………		………		………
(遊)	奥田	2	0	0	0	0	0	0		投ゴロ		遊ゴロ		………		………
打	三宅	1	0	0	0	0	0	0		………		………	【8】	三ゴロ		………
遊	今久留	0	0	0	0	0	0	0		………		………		………		………
打	野村武	1	0	0	0	0	0	0		………		………		………		二併打
(投)	若林	3	0	0	0	0	0	1	【3】	遊ゴロ		右飛		三振		
	計	33	3	8	3	2	0	3								

松竹			球数	打者	投回	安打	四球	死球	三振	失点	自責
○	大島	(1-1)	104	35	9	8	2	0	3	3	3

毎日			球数	打者	投回	安打	四球	死球	三振	失点	自責
●	若林	(1-1)	120	36	9	7	1	0	1	5	4

▼本塁打 岩本 1号(4回2点若林)
▼盗塁 荒川昇 ▼残塁 松 4、毎 5
▼失策 河内、伊藤 ▼併殺 松 2、毎 0

第5戦

毎日 3 — 2 松竹

野村の冴えるピッチング、勝負を賭けた松竹、真田で落とす。

1950年11月27日 ● 中日球場 ● 12630人

毎日は野村が2試合目の先発。松竹は真田が中1日で登板。松竹は一気に盛り返そうとエースを出してきた。1回表、毎日は河内右前打、別当四球で2死から土井垣が中前打で1点先制。その裏松竹は金山四球、三村一塁野選のピンチを野村が3、4、5番を全て遊撃ゴロの渋い投球で1点に抑えた。野村は2回も先頭の木村に三塁打を打たれたものの、後続を全てゴロに打ちとった。

そして、同点で迎えた4回裏、松竹の主砲岩本が二塁打を打ち、大岡の犠牲フライで1点勝ち越す。毎日は7回表呉のタイムリーで2対2の同点。9回表7番西本が左前打、今久留主が送って、野村倒れ河内が四球で、2死一、二塁のチャンスに代打片岡が一塁後方に打ち上げたフライを金山と大岡がぶつかり落球、二塁走者ホームインで決勝点。

前夜2勝2敗になった松竹は大手をかけるために、真田が積極的に投げることを期待したが、故障の真田は黙るだけ、その態度に普段からオーナーに気に入られていた真田に不満がぶつけられ、名古屋の宿舎の空気は険悪なムードに陥っていた。そして、毎日野村は、そんな松竹打線を打たせて取る普段の投球（奪三振1）で毎日が王手をかけた。

COLUMN

ドラマを生む河内卓司の魔送球

とにかく捕ってから一塁に投げるまで油断できない守備だったようで、送球の失策がやたら多かったようだ。日本シリーズが始まり河内にボールが飛ぶと松竹ベンチは河内の守備に冷やかしと失策を期待して見ていたらしい。だから、第1戦の松竹岩本の謎の三盗死も河内が失策しやすいのを頭に入れて走ったともいわれている。シーズン後半から遊撃から三塁の守備になっているのも、送球の不安定さからかもしれない。日本シリーズでは6試合で3失策でシリーズ最多であった。

日本シリーズの別当

オリオンズ	
5	河内
7	呉
8	別当
9	伊藤
2	土井垣
4	本堂
3	西本
6	奥田
1	野村武

TEAM	1	2	3	4	5	6	7	8	9		R	H	E
毎日	1	0	0	0	0	0	1	0	1	…	3	6	1
松竹	1	0	0	1	0	0	0	0	0	…	2	5	1

ロビンス	
4	金山
5	三村
8	小鶴
9	岩本
3	大岡
7	木村
2	荒川
6	宮崎
1	真田

毎日		打数	得点	安打	打点	四球	死球	三振					
(三)	河内	4	0	1	0	1	0	0	【1】右前安	一飛	中飛	二ゴロ	四球
(左)	呉	4	1	1	1	0	0	1	一ゴロ	【3】三振	中飛	左前安	………
打	片岡	1	0	0	0	0	0	0	………	………	………	………	二飛失
走左	白川	0	0	0	0	0	0	0	………	………	………	………	………
(中)	別当	3	0	1	0	2	0	0	四球	左線2	【6】中直	中飛	四球
(右)	伊藤	5	0	1	0	0	0	0	中直	左飛	左越2	【8】遊ゴロ	遊飛
(捕)	土井垣	3	0	1	1	1	0	0	中前安	遊ゴロ	四球	三ゴロ	
(二)	本堂	4	0	0	0	0	0	2	三振	【4】三振	遊飛	遊ゴロ	
(一)	西本	2	1	1	0	2	0	0	【2】四球	四球	投ゴロ	【9】左前安	
(遊)	奥田	0	0	0	0	0	0	0	投犠打	………	………	………	
遊	今久留	1	1	0	0	1	0	0	………	二飛	【7】四球	投犠打	
(投)	野村武	3	0	0	0	0	0	0	左飛	【5】二直	一犠打	右飛	
	計	30	3	6	2	7	0	3					

松竹		打数	得点	安打	打点	四球	死球	三振				
(二)	金山	3	1	0	0	1	0	1	【1】四球	【3】三振	捕邪飛	【8】左飛
(三)	三村	4	0	0	0	0	0	0	一野選	左飛	【6】中飛	中飛
(中)	小鶴	4	0	1	0	0	0	0	遊ゴロ	三ゴロ	左線2	中直
(右)	岩本	4	1	1	1	0	0	0	遊ゴロ	【4】左2	三ゴロ	【9】左直
(一)	大岡	4	0	0	1	0	0	0	遊ゴロ	左飛	遊ゴロ	三ゴロ
(左)	木村勉	4	0	2	0	0	0	0	【2】中越3	二ゴロ	【7】一ゴロ	右前安
(捕)	荒川昇	4	0	1	0	0	0	0	投ゴロ	右直	中2	二ゴロ
(遊)	宮崎仁	2	0	0	0	0	1	0	三ゴロ	【5】三ゴロ	死球	
(投)	真田	3	0	0	0	0	0	0	三ゴロ	投ゴロ	二併打	
投	大島	0	0	0	0	0	0	0	………	………	………	
	計	32	2	5	2	1	1	1				

毎日			球数	打者	投回	安打	四球	死球	三振	失点	自責
○	野村武	(2-0)	110	34	9	5	1	1	1	2	1

松竹			球数	打者	投回	安打	四球	死球	三振	失点	自責
●	真田	(1-1)	119	37	8.2	6	6	0	3	3	2
	大島		11	3	0.1	0	1	0	0	0	0

▼盗塁 土井垣 ▼盗塁刺 西本 ▼残塁 毎 10、松 5
▼失策 今久留、金山 ▼併殺 毎 1、松 0

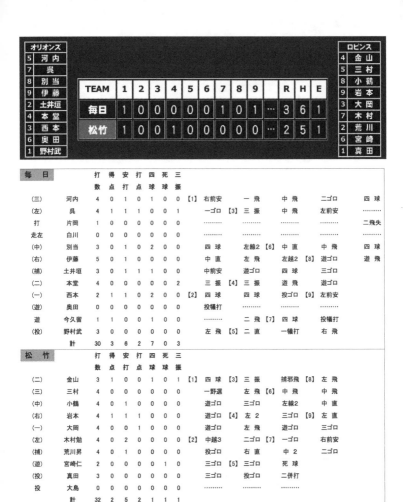

第6戦

毎日 8 — 7 松竹

野村大車輪の活躍、毎日4勝2敗で日本一！ 別当がMVP

1950年11月28日◉大阪球場◉22035人

毎日に優勝の掛かった試合に、湯浅監督は先発に荒巻を起用。一気に勝負をかけようとしたのだろうか？ しかし、荒巻はぴりっとしない。松竹岩本に2打席連続の本塁打を打たれ3点先取されるが、松竹は2度目の先発の江田貢一。今シーズンは真田に続く23勝を挙げチームを引っ張った投手だが、荒巻以上に調子が上がらず3回裏に3四球4安打で6点を取られノックアウト、大島にスイッチしたものの毎日は逆転。

4回には岩本の失策で1点を取り、7対3でリード。しかし、荒巻も5回表に安打、四球で降板、若林に交代したものの2点を取られ7対5、6回には小鶴のタイムリーがでて7対6。8回に7対7の同点に追いつかれて延長戦に入る。そして11回裏2死一、三塁のチャンスに、この日4番伊藤庄七がサードゴロを打ち、サードを守っていた真田の二塁の金山への送球に、別当が激しいスライディングをし、金山は落球。その間に河内がホームに入り、サヨナラ勝ちとなった。

延長にもつれこんだ最終戦の打撃戦を毎日が制し、初代日本シリーズの覇者となった。MVPは5割を打った別当薫。現場では、2完投と第6戦のリリーフで3勝を挙げ、防御率0・42と大活躍した野村が妥当という声が高かった。別当を選んだのはそのスター性と第1回日本シリーズの価値を高めるためと言われている。

しかし、野村は誰が見ても別当以上の働きの功労者だった。松竹が敗れた要因には小鶴の故障、大岡の不調で水爆打線が不発の上、エース真田の故障がチーム内の不協和音となり、チーム一丸となったシーズンの勢いが消えてしまったのが大きかった。また、肝心なところでの守備の乱れ、走塁のミスなどが勝てる試合を落としたような展開もあった。

荒巻淳と土井垣武（右）

ロビンス	
4	金山
5	三村
8	小鶴
9	岩本
3	大岡
7	木村
2	荒川
6	宮崎
1	江田

TEAM	1	2	3	4	5	6	7	8	9	10	11		R	H	E
松竹	0	1	2	0	2	1	0	1	0	0	0	…	7	15	6
毎日	0	0	6	1	0	0	0	0	0	0	1x	…	8	9	0

オリオンズ	
5	河内
7	呉
8	別当
9	伊藤
2	土井垣
4	本堂
3	西本
6	今久留主功
1	荒巻

松竹		打数	得点	安打	打点	四球	死球	三振						
(二)	金山	5	1	3	0	0	0	1	【1】左飛	【3】三振	【5】遊安	三犠打	右前安	遊安
(三)遊	三村	5	2	1	1	1	0	0	投ゴロ	左前安	四球	二ゴロ	中飛	遊併打
三	真田	0	0	0	0	0	0	0	………	………	………	………	………	………
(中)	小鶴	6	0	2	1	0	0	0	右飛	三ゴロ	右前安	右前安	左飛	中飛
(右)	岩本	5	2	2	4	1	0	0	【2】左越本	左越本	四球	左飛	【9】投ゴロ	【11】一ゴロ
(一)	大岡	6	0	1	1	0	0	1	左飛	三振	中飛	【7】二ゴロ	二飛	左前安
(左)	木村勉	6	0	2	0	0	0	1	遊ゴロ	【4】右前安	三振	三ゴロ	右前安	遊飛
(捕)	荒川昇	4	0	1	0	2	0	1	右前安	三振	四球	一ゴロ	四球	右邪飛
(遊)	宮崎仁	3	0	1	0	0	0	0	遊安	三ゴロ	二飛	………	………	
打	吉田	1	0	0	0	0	0	0	………	………	………	【8】二飛	………	
三遊	平野	1	0	0	0	0	0	0	………	………	………	………	投ゴロ	
(投)	江田	1	0	0	0	0	0	1	三振	………	………	………	………	
投	大島	3	2	2	0	1	0	0	………	二ゴロ	【6】中前安	二安	【10】四球	
	計	46	7	15	7	5	0	5						

毎日		打数	得点	安打	打点	四球	死球	三振						
(三)	河内	6	1	0	0	0	0	0	【1】遊ゴロ	投ゴロ	【4】遊ゴ失	【6】二飛	遊飛	三ゴ失
(左)	呉	6	2	1	2	0	0	0	二ゴロ	左越2	遊ゴロ	中飛	投飛	遊ゴロ
(中)	別当	5	2	3	1	1	0	0	遊ゴロ	左越2	中前安	四球	【9】遊ゴロ	中前安
(右)	伊藤	6	1	1	1	0	0	0	【2】一邪飛	中前安	右飛失	遊ゴロ	捕飛	三ゴ失
(捕)	土井垣	4	1	0	0	1	0	0	中飛	四球	三ゴロ	【7】二ゴロ	二ゴロ	
(二)	本堂	4	0	1	0	1	0	1	四球	左飛	【5】左前安	三振	【10】左飛	
(一)	西本	2	0	1	0	1	0	0	投ゴロ	四球	投犠打	右前安	………	
打一	片岡	1	0	0	0	0	0	0	………	………	………	………	遊ゴロ	
(遊)	今久留	4	0	1	2	1	0	0	【3】四球	右前安	左飛	三ゴロ	二飛	
(投)	荒巻	2	1	1	0	0	0	0	三安	遊ゴロ	………	………	………	
投	若林	1	0	0	0	0	0	0	………	………	中飛	………	………	
投	野村武	2	0	0	0	0	0	1	………	………	………	【8】三振	【11】遊ゴロ	
	計	43	8	9	6	5	0	2						

松竹			球数	打者	投回		安打	四球	死球	三振	失点	自責
	江田		54	16	2	0.2	4	4	0	0	6	6
●	大島	(1-2)	102	33	8		5	1	0	2	2	0

毎日			球数	打者	投回		安打	四球	死球	三振	失点	自責
	荒巻		69	20	4	+	7	1	0	4	5	5
	若林		54	18	3.2		5	2	0	1	2	2
○	野村武	(3-0)	37	14	3.1		3	2	0	0	0	0

▼本塁打 岩本 2号(2回1点荒巻) 3号(3回2点荒巻)
▼盗塁 伊藤、木村勉 2 ▼盗塁刺 河内 ▼残塁 松 12、 毎 9
▼失策 金山、真田、岩本 2、木村勉、宮崎仁 ▼併殺 松 0、 毎 1

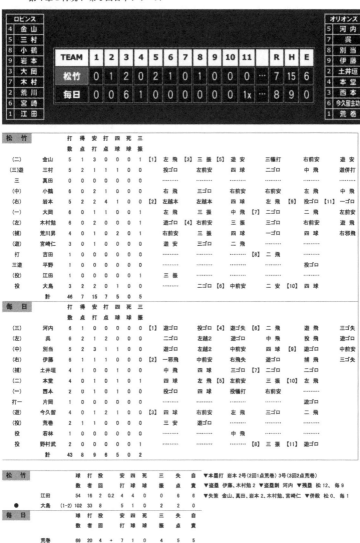

第1回日本シリーズが意味するもの

8月に決まった開催

1949（昭和24）年11月に、日本のプロ野球はセ・リーグとパ・リーグに分立。この転換は、一部では分立ではなく分裂とささやくものもいたという。正力構想の1リーグ10球団の政治的駆け引きや運営の価値観の違いにより、セ・パ両リーグは反目しながらシーズンを迎えた。2リーグの分かれ方が分裂的でもあったので、そのしこりはなかなかとれなかった。事態を収拾するために、当時日本を占領していたGHQマーカット少将により、両リーグにワールドシリーズ的な優勝決定戦が提案された。

しかし、パ・リーグはそれまでのセ・リーグの動きに対しての不信感から乗り気ではなく、オールスター戦も見送り、その結果、ファン等の不満不平の声が高まり、ようやく8月になって日本ワールドシリーズとして開催することが決まった。準備が後手後手に進む中、フランチャイズ制も確立していなかったため、主要球場を旅してまわる形となった。

因縁を持つ田村駒と毎日

小西得郎監督率いるセ・リーグ覇者松竹ロビンスは、永田雅一と並ぶ個性的なオーナーとして知られる田村駒治郎の球団。戦前のライオンから戦後大陽ロビンスとして経営していた球団。大陽ロビンスの経営は、決して安定はしていないため、松竹映画が資本参入した結果だった。「松竹」という球団名も今でいうネーミングライツに近かった。

そして、田村は当初、経営を毎日新聞社に打診したが断られたことと毎日新聞に「球団経営の危機」の記事を載せられたことへの反感から、1949（昭和24）年毎日が球団参入の際は、巨人、中日とともに「反対」の姿勢を打ち出している。両球団とも勝率7割を超える圧倒的な強さで優勝したのは、他球団の主力選手を「引き抜いた」格好で、戦力補強に成功したのが要因だった。

日本シリーズペナント

松竹ロビンスのナイン

圧倒的なチーム力を誇る

松竹ロビンスは、パ・リーグに加盟した大映スターズから、小鶴誠、大岡虎雄、三村勲、金山次郎を獲得、大エース真田重蔵と神主打法の岩本義行を軸とした圧倒的な得点力と機動力を誇るチーム。リーグ制覇は、この個性的な選手たちを小西得郎が監督として牽引した結果だった。

その破壊力は未だシーズン908得点が記録として残っている（137試合、1試合平均6・63）。3番を打っていた小鶴誠は「和製ディマジオ」と言われる端正なルックスと新田恭一コーチ直伝の腰を使いアッパー気味に打つ打法で驚異的な51本塁打を放ち、今もシーズン記録に輝く376塁打、161打点の記録を作り、4番岩本も39本塁打127打点、1番を打った金山は74盗塁、5番大岡も34本塁打で水爆打線と恐れられた。一方投手陣もエース真田も末だセ・リーグ記録の39勝、新人の大島信雄が20勝で新人王を取る活躍をした。

大補強した球団同士の戦い

別当と小鶴（右）

パ・リーグの覇者、毎日オリオンズも負けてはいない。阪神から入団した別当薫を3番に置き、本塁打43本105打点、阪神からの人間機関車こと呉昌征外野手、熱血捕手「和製ヨギ・ベラ」の土井垣武、土井垣と一緒に入団したサイン盗みの名人の二塁手本堂保次、35歳でプロ入りしたベテラン戸倉を4番に据えて圧倒的な破壊力。投手陣も星野組から入団した荒巻淳投手を中心にペナントレースを独走した。

球団の歴史は違えど、どちらも大きな補強（引き抜きとも言われる）で優勝したことは確か。シリーズ前の予想では、どちらも独走で優勝したチームでも、数字的に見ると、松竹の方が一回り大きなチーム力があり、松竹優勢の声が多かった。

そんな下馬評を覆して、毎日オリオンズが日本一の座に。松竹と毎日が相まみえ、パ・リーグが制した第1回日本シリーズ。こうして、日本のプロ野球は2リーグ時代をおぼつかない足取りではあるけれど、第一歩を踏み出したのだった。

第5章

幻の大毎野球団からオリオンズへ

野球とともに歩んだ毎日新聞

東京日日新聞（毎日新聞前身）が創刊したのは
野球が日本にやってきた1872年と同じ年。
センバツ、都市対抗そしてプロ野球……
毎日新聞の歴史は野球とは切っても切れない関係にあるのだ。

堤哲●元毎日新聞記者

ク支局長)、沢田節蔵(駐米日本大使館参事官)、総監督奥村信太郎、監督木造龍蔵、キャプテン腰本寿、高須一雄、桐原眞二、川越(棚橋)朝太郎、内海深三郎、井川完、二神武、内海寛

野球伝来と同じ年に誕生

毎日新聞社にユニークな組織がある。2007年に創設した「野球委員会」である。春のセンバツや夏の都市対抗野球をさらに盛り上げようというねらいだが、現委員長の朝比奈豊会長は「日本の野球の歴史は、毎日新聞の歴史でもあります」という。

毎日新聞は現存する新聞で最も古い歴史を誇るが、その前身「東京日日新聞」の創刊が1872(明治5)年2月21日(旧暦)。日本に野球が伝わったのも同じ明治5年である。学士会館の脇に「野球発祥の碑」が建っている。毎日新聞東京本社とは、直線距離で200メートルほどである。以来

三つ揃いのスーツ、帽子を手に記念撮影する大毎野球団一行（1925年6月4日、米ホワイトハウス中庭で）　左から森秀雄、福本福一（のちニューヨーク支局長）、小野三千麿、新田恭一、渡邊大陸、菅井栄治、上原虎重（ニューヨー

147年。「野球には日本人を元気にする力があります」と朝比奈会長は強調する。

2011年第83回のセンバツ。開幕12日前に東日本大震災が発生した。誰もが「大会中止」を覚悟した。「こんなときだからこそ大会を開催しよう」は圧倒的に少数意見だった。当時の朝比奈社長は開催を主張し続け、高野連（日本高等学校野球連盟）が最終決定をした。

開会式の選手宣誓が不安を吹き飛ばした。「わたしたちは阪神淡路大震災の年に生まれました。そして今、東日本大震災で多くの命が奪われ悲しみでいっぱいです」

岡山創志学園高校キャプテン野山慎介君はこう切り出した。

「今私たちにできることは、この大会を精一杯元気を出して闘うことです。頑張ろう！　ニッポン。生かされている命に感謝して」

観客の拍手が鳴り止まなかった。

プロ野球開幕。被災地球団・東北楽天ゴールデンイーグルスの嶋基宏選手は、こう宣言した。

「見せましょう、野球の底力を。見せましょう、野球選手の底力を。見せましょう、野球ファンの底力を」

この年の第82回都市対抗野球大会は、10月に延期され、場所も東京ドームから京セラドーム大阪に移して開催された。選手宣誓はＪＲ東日本東北の長谷部純主将だった。「野球ができることに感謝の気持ちでいっぱいです。頑張ろう！ニッポン」

「あのときから選手宣誓の内容がすっかり変わりました。野球はただのスポーツでなくて、地域を、日本全体を活性化する力があります。２０２０年東京五輪・パラリンピックに野球・ソフトボールが北京五輪以来３大会ぶりに復活が決まったことを喜んでいます」

日本野球連盟の相談役でもある朝比奈会長は快心の笑みを浮かべた。

センバツ高校野球大会を主催

センバツは、全国選抜中等学校野球大会として1924(大正13)年に名古屋の山本球場(のちの八事球場)で始まった。

ライバル大阪朝日新聞社(大朝)主催の「夏の甲子園」全国中等学校優勝野球大会に遅れること9年。野球熱が高まる中、大阪毎日新聞社(大毎)には野球を全国的に広めてきたという先駆者の思いがあった。

関西で最初の国際試合を主催したのが大毎だった。1910(明治43)年秋、早稲田大学野球部が招待した米シカゴ大学との試合が東京で終わった後、両チームを大阪に招いたのだ。費用は全額大毎負担だった。阪神間に野球場がなかった。阪神電鉄が3年前に開設した香櫨園《こうろえん》遊園地(兵庫県西宮市)内にグラウンドをつくった。といっても観客のスタンドも、グラウンドと観客を仕切る柵もない。4700坪の空き地を整備したに過ぎない。左翼はダラダラの下りスロープ、打球はどこまでも転がってしまう。

関西初の国際試合シカゴ大対早大戦を開催　大阪毎日新聞（1910年・明治43年）

大毎は、主力選手の写真を入れて見開き2ページの特集を発行した。野球にベースボールとルビを振り、「野球とは如何なる遊戯であるか」を解説した。「塁」には、ベースのルビ。「四個あって、其中三個は方一尺許りの帆木綿の嚢中に柔らかき物質を満たした、いはゞ座布団のようなもの。他の一個は同じ位の大きさの五角形の板である」

球（ボール）、打棒（バット）、面（マスク）。

「配陣」。各塁、守備位置などを図示した。

「演技」。18人で9人ずつ二組、攻撃陣と守備陣となる。守備陣の9人はいずれも手袋を嵌めて…。

「方法」。投手は捕手に向かって投球する。打者はそれを打棒で打とうとする。もし、投球が本塁の上を通過せず、または自分の肩より高く、膝より低い時は打たなくてもいい。この悪球をボールという。投手がボールを四度出すと、打者は一塁に進むことができる。

用語として「安全球」（ヒット）、「魔球」（カーブ）、ダブルプレー、トリプルプレー、二塁打、三塁打、ホームラン……。

試合の前日は1面トップで社説を載せた。日米野球の意義を「我が運動界に痛切なる刺激を与え、ひいては一般国民に運動に対する感興を鼓吹し、剛健活発なる気風の養成に資せんとするにある」と説いている。

早大は3戦全敗、東京でも3連敗で計6連敗。キャプテン飛田穂洲《とびたすいしゅう》（忠順）は責任をとって、野球部長安部磯雄に辞任を申し出た。「明治43年の秋にシカゴ来征軍にあれほどの惨敗をしなかったならば、私の生涯には早稲田コーチ（監督）時代といふ機会なく…」。早大野球部が監督制を敷いたのは1920（大正9）年で、飛田が初代監督に迎えられた。「一球入魂」の精神野球、千本ノックの猛練習は飛田が始めたといわれる。25（大正14）年、東京六大学野球リーグ戦が始まった。19年ぶりに復活した早慶戦に勝利して、初のリーグ戦で優勝。この年再度来日したシカゴ大にも初めて勝ち越した。これ以上の花道はなかった。

飛田は「シカゴ戦終了と共に監督を辞任、新聞記者の帰り新参として東京朝日に入社」する。1964年愛弟子の石井連蔵（2015年没83歳）に朝日新聞記者を引き継いで引退、翌年1月亡くなった。78歳だった。

大毎は、この日米野球事業が大成功だったと総括。私鉄は「野球場は乗客増につながる」と箕面有馬電気軌道（現阪急電鉄）の豊中球場、阪神電鉄の鳴尾球場、24（大正13）年の阪神甲

WASEDA
捕手 松田選手
米國野球會の入場券
Base Ball Club
市俄古チーム
大野球
野球の話
用具
演技
方法
原選手
大村選手
飛田選手

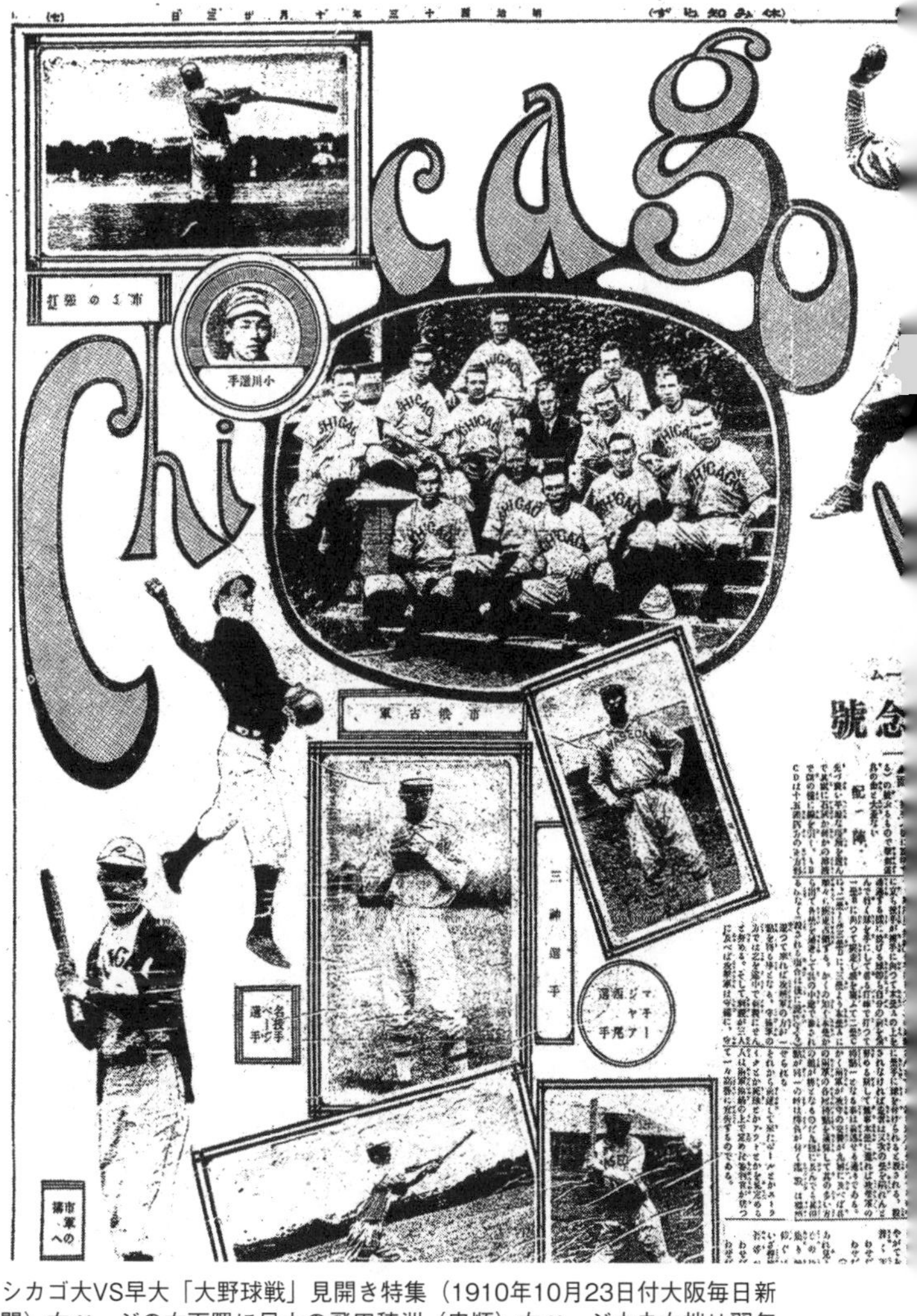

シカゴ大VS早大「大野球戦」見開き特集（1910年10月23日付大阪毎日新聞）右ページの右下隅に早大の飛田穂洲（忠順）左ページ中央右端は翌年大毎入社の西尾守一マネージャー（試合では球審を務めた）

子園球場の建設に結びついた。

一方の朝日新聞。翌1911（明治44）年8月から9月にかけ22回にわたって「野球と其害毒」を連載した。もっともこの連載は東京だけで、大阪では掲載されなかった。東京日日新聞（東日）は、この野球害毒論に真っ向から反対する記事を掲載した。東日は、この年初めに大毎に合併され、3月から大毎発行の日刊紙に経営が変わっていた。

そんな朝日が、中等学校野球の全国大会を始めたのである。大毎の幹部たちは切歯扼腕したに違いない。センバツ開催のアイデアは、大毎記者・和歌山特派員の安井彦三郎だった。入社2年後輩で「大毎野球団」監督をしていた木造龍蔵に相談、「やってみなはれ」で安井に1923（大正12）年11月付で名古屋支局長の辞令が出た。4月1日の大会開催まで4か月余。ドタバタ作業だった。

センバツ第1回大会は主催大毎名古屋支局と社告でうたっている。第2回大会から本社主催となり、阪神甲子園球場へ移った。

夏の大会との差別化。第4回大会から「優勝校を本社の費用で米国遠征」のご褒美があった。小川正太郎（早大―毎日新聞記者）の和歌山中が最初で、関学中（兵庫）、第一神港商（兵庫）＝2年連続、広島商（広島）と続く。野球統制令で外国チームとの試合が禁止、第9回大会以降はなくなったが、アメリカ遠征は夏休みに実施されたので、センバツ優勝校は「夏の甲子園」に出られなかった。

「アメリカ遠征を考え出したのは社会部長阿部真之助だった」と大毎の田村木国《もっこく》（省三、俳人）がセンバツ大会史に書いている。田村は朝日の「夏の甲子園」生みの親といわれる。大朝から大毎へ転社した。

１９２８（昭和３）年アムステルダム五輪陸上８００ｍで銀メダルに輝いた人見絹枝（当時21歳）は、大毎運動部員だった。表彰式の感激をセンバツ球児にも味あわせたかったのか勝利校の校歌斉唱・校旗掲揚を提案、翌29（昭和４）年の第６回大会から実施された。

日本人女性初のオリンピックメダリスト人見絹枝（中央）

「父と母」と表題のついた写真（１２３ページ掲載）。人見の左は「母」国際女子スポーツ連盟を創設したアリス・ミリア会長、右は「父」木下東作博士。木下は運動生理学の権威で、大阪医大教授から大毎運動課長（のち運動部長）。人見を大毎に入社させた。人見は31年肋膜炎で倒れ、24歳の若さで死去した。その功績を称えて毎日スポーツ人賞の受賞者に贈られるブロンズ像になっている。

日本最強を誇った大毎野球団

「大毎野球団をつくったのはぼくと高石（真五郎）の道楽で、まず小野三千麿を引っ張った。次いで森秀雄、腰本寿が入ってきた。当時早、慶、明の3大学が一番強かったが、その3大学をうち破り、日本では敵なし。朝鮮、満州、青島、マニラへ遠征して自信をつけ、アメリカに行ったらどうかとなった」。アメリカ遠征の総監督奥村信太郎（当時社会部長、第6代社長）の話だ。高石真五郎（第7代社長）は外国通信部長で社会部運動課長を兼務していた。

2人は、ともに慶應義塾の出身で、20世紀最初の1901（明治34）年入社の同期生。大阪で一緒に下宿していた。奥村は博文館―広島日報主筆経由で、高石より3つ歳上だ。慶應義塾野球部史に、右翼手高石真五郎、三塁手平沼亮三と説明がついた「三田山上での野球」（明治30年頃）の写真が載っている。野球部は1892（明治25）年5月の体育会創設に始まり、野球殿堂入りの平沼は初代幹事の1人だった。高石は「ライパチ（ライトで8番）」と謙虚に話しているが、野球好きだったことは間違いない。

明治34年を野球史で見ると、早大の前身東京専門学校が野球部を創設している。第1回早慶戦のときのキャプテンが橋戸頑鉄（信）、マネージャーが弓館小鰐《ゆだてしょうがく》（芳夫）。頑鉄は早大米国遠征のキャプテンもつとめ、帰国後『最近野球術』を出版する。２人とものちに毎日新聞の野球記者として活躍する。

もう１つ。１９０１（明治34）年に社会部が誕生した。ライバル大阪朝日新聞より3年早い。当初社内文書は「社界部」だった。世界・政界・財界から「Society の訳語としては『社界』が当たっている。社会部誕生は近代ジャーナリズムの幕開け」と社史編集室は解説する。

さて、この２人に「道楽」を許した社長は、慶應義塾で福沢諭吉から直接教えを受けた本山彦一（１８５３～１９３２）だった。本山は「時事新報」の総編集や会計局長を務めたあと、大阪で藤田組（現ＤＯＷＡホールディングス）支配人。「大阪毎日新聞」の経営にも参画し、初代社長に慶應義塾・時事新報の後輩、弱冠26歳の渡辺治、2代目社長に時事新報で一緒だった高木喜一郎を据え、自らは原敬、小松原英太郎のあとを継いで第5代社長となった。

サンデー毎日「大毎野球団アメリカ遠征号」1925（大正14）3月22日号

どんぶり勘定だった新聞社に初めて予算制度を導

入した。野球団創設の「道楽」も計算ずくだった。一流選手が全国各地に出張して地元チームと試合をしたり、中等学校の野球部を指導することでイメージアップになり、同時に販売部数増につながる。

社史『「毎日」の3世紀』に発行部数の変遷が載っているが、野球団が発足した1920（大正9）年東日36万部、大毎60万部だったのが、10年後の30（昭和5）年には東日101万部、大毎150万部と3倍増に近い。

その間、22（大正11）年に創刊50周年を記念してサンデー毎日、エコノミスト、英文毎日、点字毎日を創刊している。

大毎東日選抜軍勝つ。相手は名古屋天狗倶楽部

1920（大正9）年3月29日付大毎にこんな野球記事が載った。前日の日曜日、名古屋鶴舞公園で大毎と東日の社員60人余が集まって運動会が開かれたあと、愛知一中OBを主体とした名古屋天狗倶楽部と野球の試合を行った。その結果報道である。

地元新愛知新聞（現中日新聞）も広瀬謙三記者（野球殿堂入り）が戦評を書いた。大毎は、試合3日前に関西学院高等部（現大学）を修業した内海寛投手（毎日オリオンズ結成時のコー

チ）を採用して、「社会部運動課勤務を命ず」の辞令を出した。

内海は第3回全国中等学校優勝野球大会の準優勝投手で、愛知一中に決勝で敗れた。3年前の優勝戦の再現だった。内海は投手で4番。3番は慶大でアメリカ遠征もしている日下輝、5番は明治43年に大毎が招いた早大・シカゴ大戦のときの早大マネージャー西尾守一だった。この試合がきっかけで、5月に大毎野球団が結成された。初代監督阿部真之助。社会・政治・学芸各部長を歴任して、退職後ＮＨＫ会長。「肩の弱いキャッチャーで、二塁まで球が届かないんだ」。

阿部は6月京都支局長に転任、社会部の木造龍蔵（当時37歳）が2代目監督に就いた。木造は関東大震災の際、大毎特派員として現場入りして署名記事を書いている。

選手を積極的に補強した。

7月　懸山憲一（慶大、外野手）

8月　井川　完（同志社大、捕手）

9月　澤《さわ》　東洋男《とよお》（早大、投手）

捕手の新名寿愛（香川商）や平野虎蔵（八幡商）らが加わって「本邦チーム中第二流の最上

ステンゲル監督と握手する小野三千麿(右)

位をしむるに至った」(「野球界」)。

翌21(大正10)年4月に慶大のエース小野三千麿が入社した。身長1メートル77、体重75キロ。「重さと速さとコントロールの三拍子揃った小野のタマは、振って当たらず、当たって飛ばず」といわれた。

小野は、来日した米大リーグ選抜を初めて破った。日本の野球史に残る1勝を完投で飾った。1922(大正11)年11月19日、東京芝浦球場。三田倶楽部が9―3で勝利したのだ。そのサインボールが野球殿堂博物館に飾られている。ケーシー・ステンゲル(ジャイアンツ、のちヤンキース監督)やこの選抜チームを率いたハーバート・ハンター(レッドソックス)のサイン入りだ。

もっともこの試合、「力を抜いた全米軍」が「故意に勝を譲ったあとが歴然」(慶應義塾野球部史)だったが、読売新聞は「三田小野投手の健闘で米職業團を破る」の見出しで「我が國の野球史を飾る上に於て特筆大書す可きものだ‼」と報じている。

大毎野球団は、この大リーグ選抜チームと11月25日に宝塚で対戦。エース小野が先発したが、

5―25で大敗した。

7月に小野と慶大でバッテリーを組んでいた森秀雄、12月に腰本寿《こしもとひさし》が入社する。森は慶大でキャプテンを2年続けた。第10回センバツ岐阜商の優勝監督でもある。腰本は、慶應普通部が第2回全国中等学校優勝野球大会で優勝したときの学生監督。投手3人を継投で使い、「些の危な気もなく悠々と勝ち抜いた」と大会史にある。

「球聖」タイ・カッブがDAIMAI、腰本がKEIOのユニホームで撮った写真が残っている。1928（昭和3）年の日米野球。大リーグ選手だけではチーム編成ができなかったため大毎野球団が加わって連合チームをつくり、神宮球場と阪神甲子園球場で12試合を行ったときのものだ。

腰本は26（大正15）年に3年の約束で慶大監督に。28（昭和3）年秋、初の全勝優勝で青赤青のストッキングに白線を入れた。エンジョイ・ベースボールは慶大野球部のモットーだ。大毎顧問だった35（昭和10）年病没、40歳。

タイカップと腰本寿（右）のツーショット

アメリカ遠征へ

21年　55勝9敗2分　勝率8割5分9厘
22年　33勝12敗　勝率7割3分3厘
23年　52勝9敗　勝率8割5分2厘
24年　47勝9敗2分　勝率8割3分9厘

大毎野球団は、日本最強の野球チームだった。

アメリカ遠征は、大毎1万5千号記念事業の1つとして実施された。1925（大正14）年3月31日神戸港を出港、8月6日横浜港に帰った。ハワイ生まれで英語が堪能な腰本がキャプテンだった。

そのメンバー（入社年月と出身校）

総監督　奥村信太郎（編集総務）
監督　木造龍蔵（社会部）
主将・二塁手　腰本　寿（21年12月慶大）

投手　小野三千麿（21年4月慶大）
　　　新田恭一（24年8月慶大）
捕手　森　秀雄（21年7月慶大）
　　　井川　完（20年8月同志社大）
一塁手　渡邊大陸（23年8月明大）
三塁手　内海　寛（20年3月関学）
遊撃手　桐原眞二（25年4月慶大）
　　　内海深三郎（23年1月第一神港商）
外野手　高須一雄（23年3月慶大）
　　　菅井栄治（22年5月慶大）
　　　二神　武（25年4月立大）
　　　川越（棚橋）朝太郎（22年4月京都一商）

無口の大統領が愛嬌たっぷり
ホワイトハウスで大毎軍をねぎらう

ホワイトハウスにカルビン・クーリッジ30代大統領を表敬した。6月6日付大毎社会面に【ワシントン特電】が載っている。

《大統領は卓をはなれて、事務室の入口に立ち、握手を交換しつつ、にこにこと日頃の無口に似ず、一人々々に対し、別々の文句で歓迎の辞をのべ、「諸君は英語がはなせますねえ」などとクーリッジ氏としては一寸異例のかいぎゃくを弄し…》

「大毎」の影響力は大きかった。成績は39戦12勝26敗1分、勝率3割1分6厘と決して胸の張れる成績ではなかったが、本場で得た最新野球事情を紙面で報告し、『野球の米國』を発刊した。ベーブ・ルース、タイ・カッブ、ジョージ・シスラー（1920年の年間最多安打257本は、2004年イチローに破られた）らのプレーも運動記者の目で分析した。野球の教科書だった。

米国遠征の帰り、ハワイから明大ハワイ遠征チームが乗船してきた。監督が大毎野球団から就任した岡田源三郎。投手湯浅虎雄（禎夫、米子中）▽捕手天知俊一（下野中）▽二塁手横沢三郎（荏原中）▽キャプテン三塁手谷沢梅雄（明星商）▽外野手中川金三（下野中）ら。

「その船中で毎日新聞入社の話となって、大毎野球団は大改革された。腰本、高須、新田、桐原、森、菅井、小野と慶應出身の主力が老齢になったために、新鋭の明大選手が入って、強みは依然と持ち越された」と小野三千麿は書き残している。

先の５選手と前年のキャプテンで外野手の大門憲文（東洋商）の計６選手が明大から入社した。大毎野球団は慶明連合軍となった。

突然の解散

アメリカ遠征のその年、球団結成以来初めて負け越した。25勝34敗２分、勝率４割２分３厘。「大毎軍は功成り名遂げて生気を失った」と批判されたが、翌年明大の主力選手が入社。息を吹き返して最高勝率を記録する。

26年　71勝11敗２分　勝率８割６分５厘
27年　51勝12敗２分　勝率８割０分９厘
28年　37勝23敗２分　勝率６割１分６厘

都市対抗野球大会は１９２７（昭和２）年に始まった。しかし、大毎野球団は出場しなかった。自社主催の大会で優勝するのはマズイという政治的判断が働いた。

１９２９（昭和４）年４月、井口新次郎（和歌山中―早大）、東京六大学リーグ戦の首位打

早大野球部第２代主将・橋戸信（頑鉄）

者森岡雅善（法大）らが入団（入社）したが、突如「解散」になった。春に2度目のアメリカ遠征を計画していたというのに。

慶大を卒業して満鉄入社が決まっていた浜崎真二は、井口新次郎から誘われ、第2回アメリカ遠征に参加することになっていた。支度金200円をもらって、洋服と靴を新調した。「いざ出発というときになって『野球団の経理がめちゃくちゃだ』ということがばれて、なんと、即日解散ということになってしまった」（『球界彦左自伝』）。

「解職」の辞令が次々に出た。横沢三郎、天知俊一、菅井栄治、谷沢梅雄……。残ったものは社内配転だ。大門憲文→読者相談部、高須一雄→京城支局、湯浅虎雄（禎夫）→社会部、森岡雅善→和歌山支局……。

解散の経緯を奥村信太郎はこう説明している。「大毎野球団が向う処敵なしとなると、観衆の反感が生じてきた。一流の名選手揃いなので、『気が驕って』みえる。京阪神で早大と試合をすると、大毎は慶明中心だから応援は早大ばかり。宝塚運動協会戦も同様で宝塚ファンから大毎は野次り倒されてしまう」。そして「わたしの第2回外遊中に解散させられてしまった」というのだ。

大毎野球団に一時的にも在籍、記者として在社し野球殿堂入りは12人を数える（五十音順）。天知俊一（1903～1976）▽井口新次郎（1904～1985）▽石本秀一（広島支局、1897～1982）▽岡田源三郎（1896～1977）▽小川正太郎（1910～1980）▽小野三千麿（1897～1956）▽桐原眞二（1901～1945）▽腰本寿（1894～1935）▽橋戸信（頑鉄、1879～1936）▽浜崎真二（1901～1981）▽三宅大輔（1893～1978）▽横沢三郎（1904～1995）

都市対抗野球大会

都市対抗野球大会は、明治神宮外苑に4万人収容の球場建設に伴い、東日に5千円の寄付の要請があったことがきっかけとなった。

「そんな大金を出すなら、最高峰の野球大会をやろう」

島崎新太郎（東日政治部長）が運動課長弓館小鰐（芳夫）と相談して、当時大正日日新聞にいた橋戸頑鉄（当時46歳）をスカウトした。1925（大正14）年のことである。

頑鉄と小鰐は、早大野球部草創期のメンバーだったことはすでに紹介したが、早稲田で一緒に下宿した親友である。

小鰐は早大を卒業して「萬朝報《よろずちょうほう》」の記者となった。「野球専門記者の元祖」である。

頑鉄は、早大の第1回アメリカ遠征のあと再度アメリカに渡り、帰国して「萬朝報」の記者となった。1915（大正4）年第1回全国中等学校優勝野球大会が開かれたあと、大阪朝日新聞にヘッドハンティングされる。「野球規則の完全なものはなかった」と大会史にある。そこで頑鉄に「統一ルールづくり」を頼んだのである。社会部運動課勤務。社会部長は長谷川如是閑だった。

優勝チームに贈られる黒獅子旗

大朝は翌16（大正5）年発行の「野球年鑑」に最新野球規則を掲載、以後、日本の野球試合は全国的にこのルールで実施されるようになった。現在、毎年発行されている「公認野球規則」の原点となったものである。

頑鉄は、阪神電鉄が鳴尾競馬場内に2面の野球場をつくるときも、「万事は頑鉄君に相談して」と長谷川如是閑から任されている。

大正日日新聞は、1918（大正7）年8月の白虹《はっこう》事件（筆禍事件）の責任をとって大朝編集局長を退職した鳥居素川《とりいそせん》が、翌年11月に創刊した。頑鉄は社会部長長谷川如是閑と行動をともにしたのだろうか。

毎日新聞に移った頑鉄は、北海道から朝鮮海峡を渡って満州まで足を伸ばし、有力チームに参加を呼びかけた。都市対抗野球大会の最高殊勲選手賞「橋戸賞」に名を残す。

頑鉄は1936（昭和11）年没57歳。主筆高石真五郎は弔辞で「その蘊蓄を傾け、野球の批評に麗筆を揮ひ満天下の読者を魅了、実際に野球技を競う選手を啓発した事は普《あまね》く人の知る処である」と述べた。小鰐は「噫、さびしあの禿頭」と追悼を寄せた。

一方、小鰐は1918（大正7）年に萬朝報から東日に移って、20年2月社会部運動課長。大毎野球団づくりにも関わっている。その後校正部長・写真部長・運動部長を歴任、定年後も顧問・嘱託として野球記者を続けた。

1926（大正15）年1月26日から5月27日まで、東京日日新聞夕刊に「西遊記」を連載した。それまで「イノシシ」と訳されていた「猪八戒」を初めて「ブタ」と表現した。今読んでもとてもおもしろいと評価が高く、「スマートなギャグはまことに秀逸」と作家の筒井康隆が述べた褒めしている。

1958（昭和33）年没74歳。早大野球部の後輩飛田穂洲は「早大入学以来50年来の交友で、後輩に実に親切だった。終生忘れられない偉大な人だった」と先輩を悼んだ。

毎日オリオンズ結成

「毎日プロ球団成る」。毎日新聞が「毎日オリオンズ」発足を報じたのは、1949（昭和24）年11月19日付朝刊2面だった。

戦後の用紙難と占領軍の用紙割当制で新聞は朝刊だけ。それも裏表2ページ、ペラ1枚の時代だ。第一次メンバー19人を顔写真付きで精一杯大きなスペースを割いて載せた。

ニックネームのオリオンズはその後紙面で募集して、応募40万余から選んだ。「毎日新聞の社章が星である」「神話に最も美しく偉大な狩人とある」など、強くて気品のあるチームに相応しいという理由だった。

総監督湯浅禎夫（当時48歳）は毎日新聞大阪本社運動部長、コーチ内海寛（同51歳）は西部本社運動部副部長。すでに紹介したように、2人とも元大毎野球団の選手である。

毎日新聞社長本田親男は「毎日新聞社は大正9年から昭和4年まで野球チームを持ち、大毎野球団としてファンから親しまれて、わが国職業野球への草分け的な役割を果したことは周知の通りである」と胸を張った。大毎野球団の実績から毎日新聞社がプロ球団を持つのは当然という論理だった。

本田は社会部長もつとめたやり手の記者で、1948（昭和23）年12月に第8代社長に就任した。「本田天皇」と呼ばれるほどのワンマン社長。当初「センバツと都市対抗、アマチュア野球の二大行事で沢山。プロは他に委せて置け」とプロ球団を持つ考えはなかった。

日本プロ野球の父、読売新聞元社長の正力松太郎に口説かれた。「毎日球団の参加を得られなければ、わが国プロ野球の健全な発展は期せられない」と。この要請がすったもんだのあげく、プロ野球2リーグ制につながっていく。

毎日オリオンズの初期メンバーは、全員が都市対抗で活躍した社会人野球の選手。その年優勝した別府星野組からは最高殊勲選手賞に輝いた火の玉投手荒巻淳、監督兼務の3番打者西本幸雄などレギュラー7人が入団。函館オーシャン（函館太洋倶楽部）と豊岡物産（埼玉県豊岡町・現入間市）からはバッテリー、篠崎倉庫（神戸市）、古沢建設（鹿沼市）、愛知産業（名古屋市）、東洋産業（岐阜市）や門司鉄道管理局（門司市・現北九州市）、志免鉱業、常磐炭鉱からも好選手を集めた。

毎日オリオンズが阪神タイガースから主力5選手を獲得するのは、本田のイキのかかった社会部の後輩記者・黒崎貞治郎─小谷正一《こたにまさかず》コンビの働きだった。

井上靖の小説「闘牛」は「夕刊新大阪」新聞のイベントがモデルで、同紙が1946（昭和21）年に創刊する際、編集局長に送り込まれたのが黒崎、報道部長が小谷だった。

黒崎は、その後東京本社の社会部長に転勤して下山事件に遭遇。朝日・読売新聞が他殺説を展開するなかで、毎日新聞だけが自殺説を貫いた。

小谷は毎日新聞大阪本社に戻されて、49（昭和24）年7月1日付で事業部長兼「球団結成準備委員会」事務局長。黒崎は11月1日付で東京本社事業本部長に就任した。

新たに加わったのは、監督に就任した投手若林忠志、ダイナマイト打線の3番別当薫、強肩巧打の捕手土井垣武、守備の名手・二塁手本堂保次、チャンスメーカーの外野手呉昌征などである。

毎日オリオンズは、球団結成1年目にパ・リーグで優勝した。120試合、81勝34敗、5引き分け。勝率7割4厘。セ・リーグ覇者の松竹ロビンスを4勝2敗で破って日本シリーズも制した。

東京スポニチ創刊と大島鎌吉の抵抗

パシフィックリーグは3月11日西宮球場で開幕した。毎日オリオンズはセレモニーのあとの第一試合で西鉄クリッパースと対戦、主将で4番戸倉勝城の第1号ホーマー、榎原好投手が完投して9―1で初戦を飾った。始球式は米軍25師団長キーン少将。占領下を印象づけた。

「スポーツニッポン」紙（スポニチ）はその5日前の3月6日東京で発行を始めた。報知新聞が巨人軍の機関紙としてスポーツ専門紙として再刊されたことに刺激された。

スポニチは、その前年の1949（昭和24）年2月1日に大阪で創刊した。日刊スポーツ、デイリースポーツに次ぎスポーツ紙では3番目。毎日オリオンズの誕生で、急遽有楽町の毎日新聞社内に東京支社を設置したのだ。

毎日新聞グループをあげて毎日オリオンズの誕生を歓迎する中、東京本社運動部デスク大島鎌吉（当時41歳）は「新聞社はアマチュアスポーツを育成すべきで、プロスポーツに関わるべきではない」と反対した。IOC（国際オリンピック委員会）ブランデージ副会長（当時）からのアマチュアリズム遵守のメッセージを、共同通信を通じて各新聞社に配信した。

大島は「1か月の自宅謹慎」処分を受けた。「毎日オリオンズがやっと軌道に乗ったのに、大島に潰されてしまう」と本田親男。次期運動部長への人事も沙汰やみとなった。

大島は、1932（昭和7）年ロス五輪三段跳の銅メダリスト（金メダルの南部忠平も大毎運動部に在籍した）。「跳ぶ哲学者」といわれた理論家で、1964（昭和39）年東京五輪の日本選手団長。「金メダル最低15個。米ソに続いて第3位となる」と発表。日本は金メダル16個を獲得し、公約を果たした。

米大リーグとともに

ベーブルースの本塁打
ステンゲル又も本塁打を戛飛《かつとば》す

米大リーグのワールドシリーズ（野球世界選手権争奪戦と表記）を現地特派員の特電で初めて詳報したのは、大毎・東日だった。関東大震災の1923（大正12）年のワールドシリーズヤンキース対ジャイアンツ。ともにニューヨークが本拠地で、ヤンキースが4勝2敗で初優勝した。名門ヤンキースが誕生した年である。国民栄誉賞の松井秀喜がMVPに輝いた2009（平成21）年は、27回目のワールドシリーズ制覇だった。

ステンゲルはジャイアンツの中堅手。前年の日米野球で来日、小野三千麿投手が初勝利した記念ボールにサインしていることは、すでに紹介した。１９５５（昭和30）年、毎日新聞が招いたヤンキース単独チームの監督として来日。小野と33年ぶりに再会して記念撮影をしている。

戦後、毎日新聞社は１９５３（昭和28）年に全米オールスターズを招聘した。その後読売新聞社と交互に日米野球実施を決め、55年にニューヨークヤンキースをはじめ、１９８８年から２００４年まで４年毎にＭＬＢチームを招いた。メジャー選手のパワー、スピードに誰もがびっくりした。ライブの衛星中継がない時代である。

毎日新聞が野球の発展にどれだけ寄与してきたか。ユニークな社内組織「野球委員会」は、その延長線上にある。

COLUMN

イースタンリーグ初代チャンピオンだった！

毎日オリオンズのファーム史

松井正

育成に情熱を燃やす

毎日オリオンズはプロ野球に加盟した1950年、いきなりパ・リーグ優勝そして日本一に輝くも、翌51年は優勝の南海とは22・5ゲーム差をつけられて3位に沈んだ。

別当薫や土井垣武らチームの主軸は既に30代に突入しており、今後何年も続けて優勝が狙える常勝チームを築き上げるには若い選手の育成が急務であると考え、3位に終わった51年のシーズンオフ、毎日新聞社各地方局ならびに野球関係者たちから全国のアマチュア選手に関する情報を募った。そして監督の湯浅禎夫と若林忠志は、寄せられた情報を元に自らの目でアマチュア選手を確認し、最終的には20名近くもの新人を入団させた。この20名の中には、後に主力打者に成長する山内和弘も含まれていた。

52年、毎日は大量採用した新人選手を育成するために二軍を結成、若林が初代二軍監督に就任した。若林は、戦時中より阪急の西村正夫とともに日本野球にもアメリカに倣ったマイナー制度を導入すべきであると考えていた1人であり、阪神時代の49年にも二軍結成に向けて尽力している。若手選手育成のノウハウを持ち、二軍監督に打ってつけの人選と言えた。

毎日二軍は2月1日から鹿児島鴨池球場で行われた春季キャンプを皮切りに始動し、日本プロ野球初の首位打者・中根之《すすむ》と大館勲が打撃コーチ、上林繁次郎が

巣鴨拘置所で行われた試合の様子（1952年）

バッテリーコーチとして新人選手の指導にあたった。当時、既に二軍を持っていた他球団は、二軍の指導者は二軍監督1人のみだったが、毎日二軍は、若林が投手、上林が捕手、中根と大館が打撃と、各分野に専門の指導者を監督含めて4名も配置しており、若い選手の育成に並々ならぬ意欲を燃やしていたということが窺える。

初試合で勝利する

春季キャンプ中の二軍選手の日課は、朝7時に起床し、ランニングと朝食を経て、9時から一軍の練習が始まる11時までの間が全体練習に充てられた。一軍の練習開始後は補助球場に移って基本的技術習得のための基礎練習を積み、時には若林による野球講義が開講され、選手たちは朝から晩まで野球漬けの日々を送った。

練習の成果を試すためにはより多くの試合を行いたいところだったが、二軍にとって追い風となる出来事

1952年3月2日　甲子園球場／8回コールド

チーム	1	2	3	4	5	6	7	8	9	計
毎日二軍	0	4	0	0	0	0	0	0		4
阪神二軍	0	0	0	0	0	0	0	0		0
（毎）宮崎、和田勇、小田－小笹 （神）渡辺、谷村－伊藤、小川										

もあった。52年から正式にフランチャイズ制を採用することが決まっていたが、2月12日のプロ野球実行委員会の場で、原則的に公式戦のダブルヘッダーは行わずに1日1試合制として、その代わりに一軍公式戦の前座で二軍戦を行うことが決まったのだ。前年までは一軍が使用する球場で二軍戦が行われることはほとんどなく、都合のつく球団同士が地方に遠征して試合をしていたが、一軍公式戦の前座試合となることで二軍の試合数が大幅に増加することが見込まれた。

毎日二軍の初試合は、鹿児島春季キャンプ後の3月2日に甲子園球場で行われたオープン戦(毎日対阪神)の前座試合だった。

毎日二軍は2回表に西脇光二と栗木孝幸のタイムリーなどで4点を先制。一軍のオープン戦開始時刻が迫ってきたため試合は8回で打ち切られるが、3人の投手リレーで阪神二軍打線を完封し、二軍結成初試合にして初勝利を飾った。

巣鴨プリズンで行われた試合

湯浅、若林の御眼鏡にかなった選手たちを集め、さらにキャンプ中は4人の指導者たちがみっちりと鍛えた成果もあり、毎日二軍は結成当初から強かった。3月中は7試合を戦い5勝1敗1分の好成績を残している。7試合のうち5試合が巨人相手だったが、4勝1分と1試合も負けていない。そして、巨人との5試合のうちの1試合が、なんと巣鴨プリズンの中で行われているのだ。

この頃、GHQによる東京裁判によって裁かれたいわゆる「戦犯」は、巣鴨拘置所に収容されていた。52

年1月5日、巣鴨拘置所の服役者たちのために「慰問相撲大会」が開催され、これが好評を博したこともあり、「今度は野球を見せたい」と法務府はプロ野球コミッショナーの福井盛太《もりた》に協力を要請した。

読売新聞社の正力松太郎はかつてA級戦犯に指定され、巣鴨拘置所に収容された経験があった。正力は拘置所内が非常に劣悪な環境であることをよく知っており、「野球で慰問したら服役者たちは喜んでくれる」と考えた。

毎日の球団代表・黒崎貞治郎も元終戦中尉の球団職員から巣鴨拘置所内の環境がひどいことを聞いていた。さらに毎日二軍監督の若林は、戦争孤児の慰問を熱心に行うなど社会貢献活動に積極的だったこともあり、読売新聞社と毎日新聞社が協力する形で、3月28日、巣鴨拘置所内で服役者1060名のために巨人二軍対毎日二軍の戦犯慰問試合が実現した。

巣鴨拘置所内では服役者たちで作ったチームで春、秋のリーグ戦が行われるほど野球熱が盛んで、レフト

1952年3月28日　戦犯慰問試合　巣鴨拘置所

チーム	1	2	3	4	5	6	7	8	9	計
毎日二軍	0	0	2	1	1	2	0	0	3	9
巨人二軍	0	0	0	0	0	0	0	3	0	3

（毎）守田、小田、和田功、宮崎、古泉、滝－東口、坂田
（巨）高野、岡部、三浦－中村、棟居

戦犯慰問試合個人成績

	【巨人二軍】	打	安		【毎日二軍】	打	安
（右）	内藤　博文	3	0	（遊）	今久留主 功	5	1
（三）	桝　重正	3	0	（二）	西脇　光二	5	2
（中）	中島　執	5	1	（三）一	海部　和夫	4	1
（左）	久保木　清	2	0	（左）	山内　和弘	3	1
左	寺本　哲治	3	1	左	島田　恒幸	1	1
（二）	南　温平	3	1	（中）	栗木　孝幸	3	2
（一）	岩下　守道	5	0	（右）	浅井　守	2	0
（遊）	太田　敏彦	3	1	右	村田　博秀	2	1
（投）	高野　進	1	0	（一）	野村　武史	1	1
投	岡部　宏	2	0	三	亀谷　豊孝	3	1
（捕）	中村　国雄	2	0	（捕）	東口　清美	3	2
捕	棟居　進	1	1	（投）	守田　政人	1	0
	計	34	5		計	39	15

▽三塁打＝東口
交代＝（毎）PH関（打1）　PH北田（打1）　2阪田（打1安1）　1小田（打1）　1和田功（打1安1）　1宮崎（打1）　1古泉　1滝（打1）
交代＝（巨）PH藤原（打1）　1三浦

まで120メートルの広さがあるグラウンドもあった。巨人二軍と毎日二軍の慰問試合が実現することを知った服役者たちは大喜びし、天気を気にして前日にテルテル坊主をぶら下げて試合当日を待った者もいたという。

戦前のプロ野球で活躍した毎日二軍監督の若林、巨人二軍監督の内堀保の2人には服役者たちから特に大きな声援が送られた。なお3月29日付の報知新聞はこの試合を「場内アナウンスが軍隊口調だった」と報じている。終戦から6年以上が経過していたが、依然として戦争の跡が色濃く残っていたのだ。

試合後は服役者たちが拘置所内で作ったバット10数本を両球団に贈呈し、さらに両球団の選手たちは手作りの寿司をご馳走になった。

精力的に活動する毎日二軍

1952年4月以降、毎日二軍は主に後楽園球場、川崎球場で行われた一軍公式戦の前座試合として巨人二軍、国鉄二軍との対戦を重ねるが、二軍戦が頻繁に行われた川崎球場はこの年に開場したばかりの新球場だった。

川崎球場建設に尽力した初代社長の久米正雄が3月1日に急逝したため、故人を偲び5月1日に川崎球場で巨人二軍、国鉄二軍、毎日二軍が参加し「久米正雄追悼野球大会」が開催されている。

第1回戦の毎日二軍対国鉄二軍戦では、久米と親交の深かった二軍監督の若林が先発のマウンドに上がった。52年、若林は二軍監督に専念したため一軍の試合に一切登板していない。戦争のためプロ野球が休止された45年を除き、36年~53年までの現役生活の唯一実働のない年だったが、二軍では3試合に登板している。

3月28日の戦犯慰問試合から2か月近くが経過した5月19日、今度は国鉄二軍を加えた3球団で、巣鴨拘置所内第二回野球戦として再び戦犯慰問試合が開催された。同年シーズンオフの11月26日に後楽園球場で行われた「ファン感謝野球祭」に、巣鴨拘置所に収容されている約600人の服役者を招待しているが、3月と5月に行われた2度の二軍による慰問試合が服役者たちに大好評だったことがきっかけとなっている。

毎日二軍は結成以降、巨人二軍、国鉄二軍との対戦が多かったが、52年5月22日から6月12日までの間、関西方面に遠征した。関西では一軍の母体を持たない独立二軍球団の山陽クラウンズを含む7球団が二軍を持っていた。

関東には二軍のリーグ戦はなかったが、関西では7球団の二軍で4月15日に関西ファームリーグを結成し、連日二軍戦を行っており、関西に遠征した毎日二軍と関西ファームリーグに参加する球団との交流試合が実現した。また、8月27日から9月14日にかけては国鉄二軍と帯同して初の北海道・東北遠征を実施した。

北海道・東北遠征では12試合を戦い6勝6敗の記録が残っているが、9月9日、札幌中島での試合は国鉄二軍の一方的な展開となった。試合を諦めた若林はファンサービスを兼ねて試合途中から自らマウンドに上がるが、7回表に回ってきた打席でホームランを打っている。若林は投手ながら打撃もまずまずで通算打率は2割を超え、通算で7本塁打を記録しているが、これが野球人生で最後のホームランだった。

最終的に52年の毎日二軍は、57試合を戦い30勝25敗2分の記録が残っている。投手では宮崎一夫、和田勇、野手では山内和弘、北村正司といった選手を一軍へ輩出しており、二軍結成初年度にして上々の成果を得たと言える。

イースタンリーグ始まる

二軍監督の若林が1953年から一軍監督に就任したため、代わって二軍打撃コーチの中根之が二軍監督に昇格した。しかしこの年から巨人二軍と国鉄二軍の2球団が行動を共にする機会が増え、また関西ファームリーグは勝敗を競い合うペナント形式と変わった。

このため巨人二軍、国鉄二軍との対戦がほとんどなくなり、関西ファームリーグとの交流戦もなくなったため、毎日二軍の試合は前年の52年から大幅に減少した。53年に毎日二軍対プロ野球球団の試合は1年間でわずかに7試合のみで、アメリカ進駐軍の基地に出向き、進駐軍との交流戦が主戦場となった。

そんな中、4月3日から5日にかけて毎日二軍、国鉄二軍、巨人二軍による川崎市長杯争奪戦が行われ、各球団2回戦総当たりの4試合で3勝1敗の成績を残した。同じく3勝1敗の巨人二軍と同率で並び優勝が持ち越され、同点決勝戦が行われたのは最終日の4月5日から4か月も経過した8月2日だった（5対3で毎日二軍が勝利し優勝）。なお最終的に入団には至らなかったが、ドロチャーという外国人選手がテスト生として4月4日と5日に行われた3試合に出場し、12打数5安打(3二塁打)の記録を残している。54年、セ・リーグ6球団の二軍による新日本リーグが始まることが決まった。関西に本拠地を置くパ・リーグ球団の二軍は、52年から始まった関西ファームリーグに参加していたため、関東に本拠地を置くパ・リーグ球団で二軍を持つ毎日、東映、高橋の3球団だけが、二軍のリーグ戦に参加できずに取り残される形となっていた(関東側では大映が二軍を持っていなかった)。

しかし、意外なところから救いの手が差し伸べられた。新日本リーグを結成したばかりのセ・リーグ会長の鈴木龍二が、54年2月25日のプロ野球実行委員会の場で、「各球団の二軍で、関西ファームリーグ・新日本リーグと離れて、新しく日本野球機構管轄のマイナー・リーグを作ってはどうか」と提案したのだ。

関西ファームリーグは4球団だけになりリーグ戦を続けるのも困難な状況で、関東側には二軍のリーグ戦のなかったパ・リーグにとっては渡りに船の話だった。さっそく3月10日に大阪で行われた代表会議で「日本マイナー・リーグ結成に関する草案」として審議し、すぐに承認された。

日本マイナー・リーグ創立に向けての話しは進み、55年から関東側の二軍によるイースタンリーグと、関西側の二軍によるウエスタンリーグが始まることが決まった。イースタンリーグは、毎日、巨人、国鉄、東映、大洋、トンボ（前年は高橋）に加え、この年から新たに二軍を結成した大映を加えた7球団で編成された。

イースタンリーグ初代優勝

イースタンリーグでは各球団は一軍とは異なるニックネームを使用することも決まったため、毎日は二軍を「グリッター・オリオンズ」と命名した。イースタンリーグは4月2日に開幕、グリッター・オリオンズの初試合は13日に行われたジュニア・ホエールズ戦（大洋二軍）だったが、4対2で勝利している。

イースタンリーグは4回戦総当たりの全24試合で、グリッター・オリオンズはシーズン終盤の8月に6連勝を記録するなど16勝5敗3分、勝率・762でイースタンリーグを制した。一軍は50年に初代日本一チームとなっているが、二軍もイースタンリーグの初代優勝チームだったのだ。イースタンリーグ優勝をしたグリッター・オリオンズからは2人のタイトルホルダーも生まれている。

優秀投手…藪崎博志　4勝0敗　防御率1・48
首位打者　佃　明忠　・396

この頃の毎日二軍の合宿所は千葉県市川市にあった。専用の練習場を持たなかったため主に国府台球場で練習していたが、国府台球場は市営球場だったがゆえに市民が利用するため土日に使用することができず、またグラウンドには小石が目立ち環境としては最悪だった。巨人二軍が使用する多摩川グラウンドに毎日二軍の選手が足を運んだ際、「まるで砂糖の上で野球をやっているようだ」と喜んだというエピソードもある。

「インパクトベースボール」が明らかにする

榎本喜八＝山内和弘は最強打線

牧啓夫

全プロ野球選手からドラフト指名したら？

榎本喜八選手とは長いつきあいになります。

それは、筆者がサイコロ野球ゲームの制作を始めた頃の話です。アメリカ製サイコロ野球ゲーム『スーパースターベースボール』の「球史を飾る選手たちを使って試合をする」というコンセプトに魅了された筆者はさっそく日本版の制作にとりかかりました。

試作版を作った筆者は、当時所属していたゲームクラブに持ち込みます。話は当然のようにドラフトで選手を指名して、リーグ戦をやりたいという方向にいきます。

全選手のデータが揃っているわけではありませんので、「選手を獲得してからデータを作成する」というプレイヤーにとっては難しい状況での船出でした。

さて、栄えある第1回ドラフトの1位指名はそれにふさわしい選手でなくてはなりません。どうして、そんな気分になったのかは、いまになると不明ですが、ドラフトでは筆者自身が1位をひきあて「栄えある第1回ドラフトの1位指名は沢村栄治投手にする」これが一種の使命感になっていました。

一塁手の最強選手は、もちろん王貞治選手。筆者には、「リストに重複覚悟で王貞治選手と書いて重複したら上位で指名する」という作戦は選択できません。王貞治選手がドラフト対象になったとしても、14順の間指名されず残ることはありえないのです。

山内和弘（左）と榎本喜八（右）。真ん中はヤンキースのミッキー・マントル

「史上に残る名選手のドラフトならば、王にこだわることないじゃないか」と思われた方、いまと時代が違うのです。当時は王貞治の最晩年でバース選手もブーマー選手も落合博満選手も日本プロ野球入りしておらず、三冠王も中島治康選手、野村克也選手、王貞治選手の3名のみ、その中で2回獲得は王貞治選手のみ。

おそらく、王貞治選手と他の一塁手の差がもっとも開いた時期だったでしょう。

王貞治選手獲得はあきらめました。しかし、ゲームの制作者として第1回リーグで恥ずかしい結果は残せません。リストには、「重複する確率が最小で、どこか一分野でも王貞治選手に匹敵する選手」をさがすことにしました。

当時はネットもありませんし、記録本もほとんど出てませんから調査は難渋しました。

そこで出てきた名前が「榎本喜八選手」、加藤秀司《ひでじ》選手に破られるまで一塁手の打率としては、パ・リーグトップ。地味なパ・リーグ、その中でも地味なオリオンズ、筆者の好きなチームでありました。記録本が少ないのも、見つけてしまえば有利なことです。

それに、筆者にはリストには書きませんでしたが「特大の隠し玉」がありましたから、出塁率で王貞治選手に匹敵する榎本喜八選手が獲得できればクリーンナップには後1人獲得できれば足ります。

筆者はリストに榎本喜八選手と書き、見事獲得に成功し、以来、筆者のチームの一塁には必ずといってもいいほど、榎本喜八選手がいました。

また、筆者のリストには山内和弘選手の名前もありました。彼をリスト入りさせたのは、筆者がオリオンズ好きということもありますが、攻守のバランスが第一だったからです。

山内和弘選手と同等の打力を持っている選手はいますが、守備と両立させている選手はなかなかいません。代表的なのは、三冠王の中島治康選手、当時長距離打者に変貌した山本浩二選手ですが、リストに記入するにしてもドラフトでとるにしても目立つ選手たちですからねえ。

この当時は山内和弘選手の評価は低かったとおもいます。山内和弘選手は、現在では記録分析をした結果で再評価されていますね。

王貞治選手と同じ理由で野村克也選手をあきらめた筆者は、ドラフト上位指名で捕手の田淵幸一選手を獲得しました。これは幸運でしたねえ。古田敦也選手・城島健司選手ましてや阿部慎之助選手も出ていない当時、捕手の強打者は貴重です。

ドラフトでの誤算といえば、快足好打の呉昌征選手が獲得できなかったことです。そして最終順、「特大の隠し玉」で現在より無名状態だった、「投打の怪物」景浦将《まさる》選手を獲得。これにより、我が球団「バーバリアンズ」の根幹ができあがりました。

これは余談ですが、戦前の怪物に投打で比肩する選手をこの目で見られるとは思っていませんでした。我が師匠の宇佐美徹也さんは生前「自分は沢村は見られなかったが、藤村・川上からイチローまで見ることができたのは幸せだ」といわれていたことがあります。大谷翔平選手もそうですが、いま見るだけで幸せな選手が出てきています。新しい有望株も育つといいですね。

えっ、「ドラフト1位指名の件はどうなったか」って？　筆者は指名順1位を見事ひきあて沢村栄治投手を指名しました。なんか持ってるねえ！

榎本喜八ほど頼りになる選手はいない

では、筆者が制作しているサイコロ野球ゲームの「インパクトベースボール」的にみると、榎本喜八選手と山内和弘選手はどういう選手なのでしょうか？

榎本喜八選手ほど頼りになる選手はそうそうはいません。

もちろん、実働18年で通算でも．２９８の高打率は第一です。いまの記録分析者の中では、「単打と四球の差はない」と考えている人も少なくないようですが、筆者は違うとおもっています。言い方を変えれば、ケースバイケースで価値がかわるとおもうのです。

実戦でもそうだと思いますが、二死走者無しからのフォアボールって、がっくりくるんですよね。監督のメンタルに対するダメージなら単打より上かもしれません。

走者二塁の場合はどうでしょうか。四球なら一塁が埋まるだけですが、単打なら50％ほどの確率で1点とれます。チームにもよりますが、ベースランニングを鍛えているチームの場合なら70％を超える場合にさえあるようです。

もちろん、四球にはアウトの危険を冒さずチャンスをひろげて後の打者にポジティブな一面もありますが、サイコロ野球監督の経験から言えば、「取れる点は先に取っとく」っていうのは原則だとおもいます。満塁って案外点が取りにくいものです。

「インパクトベースボール」で走者二塁で「1点をとる確率」を計算してみました。

王貞治選手は１９６６年（野球伝説―００６メジャーに勝った男たち」収録）、榎本喜八選手は１９６０年（「野球伝説―００９パリーグ三国志の時代」収録）です。興味ある方は公式ブログhttp://kimera2000.hetenablog.com/　ツイッター＠hassenをご覧ください。

以下、インパクトベースボールの計算式で算出して

いきます。単打でホームインの確率を50%、二塁打以上ならホームインとすると、

王貞治…単打15%の半分7・55%＋長打4%＋本塁打13%＝24・5%

榎本喜八…単打32%の半分16%　＋長打9%＋本塁打3%＝28%

出塁率では王貞治選手が上回っているのにかかわらず、この確率では榎本喜八選手が上になります。もちろん、2点取る確率、つまり本塁打は13対3と比較になりませんが……。

3番打者榎本喜八選手が打席にたつ場合、走者は1番か2番、チームでトップを争う快足の持ち主ですからアドバンテージ大きいです。

山内和弘が語った信念

史実では、榎本喜八選手が塁に残ると山内和弘選手の出番となります。「インパクトベースボール」では、「盗塁数」と「2塁打と3塁打の比率」で走力を計算しています。榎本喜八選手の走力は、1・2番打者には及びませんが、平均以上です。

山内和弘選手は、1956年にシーズン2塁打記録（当時47）を作ったくらい長打が多かった選手ですからチャンスは広がっていきます。山内和弘選手が首位打者1回本塁打王2回で打点王は4回獲得しているのも、榎本喜八選手がいればこそでしょう。

生前の山内和弘選手に話を伺った時に「オリオンズに入って見本にしたのは別当薫、打撃の話ができたのは榎本喜八くらいなものだ」と語っていました。

山内和弘選手がチームの勝利を一番に考えていたのは疑いの余地はありませんが、「エースの決め球をたたく」とかメンタルの面は関係なく「淡々とヒットを打ち続ける」ことが「チームの勝利のためになる」と信じ切っているようでした。もちろん、話を伺ったのは引退後随分後の話なんで、現役の頃とは多少違うかもしれませんが…。

山内和弘選手のコーチ時代の話をしてもらいました。

ある選手が「世界一大きなホームランを打ちたい」って言ったそうです。山内和弘選手は「１００メーターちょっと飛ばせばどこでもホームランになるねん。なんでそれ以上飛ばさなきゃいかんか。オレにはわからん」と真顔で言っておられました。プロ野球選手としては？　がつくかもしれませんね（笑）。

でも、これが山内和弘選手の信念があらわれた言葉だと思いました。ライバルの西鉄ライオンズの豊田泰光選手の話はずいぶん違っていました。「相手のエースと対決してたたくというのは、その試合のみではなくシーズン全体も影響を及ぼす」というのです。ですから、打者の力量のみでなく、三原脩監督の元で「12球団でトップクラスの細かい野球」を磨いていたのです。球史に残る長距離打者、大下弘・中西太選手プラス細かい野球が「野武士軍団」の本質だったのです。

少し前に戦後の本塁打王を対象に2位の本数の15％以上の差をつけた打者を調べてみました。１位はもちろん王貞治選手11回、２位は野村克也選手の５回ですが、３位タイ（３回）に大下弘選手と中西太選手がともに名前があります。同時期にこんな長距離打者が輩出するのはスゴイですね。王貞治選手と野村克也選手のスゴさは別格ですが…（後２人の３位タイは落合博満選手と松井秀喜選手です。さすがです。）

毎日オリオンズで該当するのは１９５０年の別当薫選手のみでした。このライオンズの打線に対し、山内和弘選手と榎本喜八選手は、「自然体でヒットを打ち続ける」ことで対抗しました。「ミサイル打線」の本質は「自然体」だったのかもしれません。

筆者は、この原稿を書いている途中で、あるマンガのシーンを思い出しています。（タッチだったかな、たぶんあだち充先生の作品）

監督が自軍の4番打者についてつぶやく。

「オレが心から打ってほしいと思った時のアイツの打率は10割なんだ。アイツの恐ろしさはオレが一番知っている」

私の榎本喜八選手に対する感情とほぼ同じです。

ロッテオリオンズ本拠地だった川崎球場

第6章

その後のオリオンズ

毎日オリオンズの炎は、大毎オリオンズ、東京オリオンズ、
ロッテオリオンズそして千葉ロッテマリーンズへと繋がっていく。
いまやスタンドは観客で溢れかえり、
「日本一」の応援が選手を盛り上げる。
オリオンズはようやく本当の「本拠地」を見つけたのだ。

横山健一

消えた熱気

私がオリオンズの試合を観戦するようになったのは、まだ物心ついたばかりの1970年のこと、今にして思えば毎日オリオンズという名前が消えてから十数年たってからのことである。1970年にパ・リーグを制覇したオリオンズは、日本シリーズでこそジャイアンツに敗れたものの、成田、木樽、小山の投手陣や若き日の有藤、山崎、池辺、足長おじさんのアルトマン、さらにベテラン榎本、江藤と揃った打撃陣は友達にファン手帳で解説しても鼻が高いものだった。そして何よりも本拠地東京スタジアムは近代的で「これぞ東京のチーム」という感じで私を虜にしていった。何といっても「東京音頭」で応援するのだから。

だがしかし、である。気の利いた下町の野次に抱腹絶倒しながらも子供心に「何か変だ?」と感じていた。

例えればジャイアンツファンのように「絶対的な何か」を感じることができなかったし、状況は散々だったが熱狂的だった西鉄ファンのような部分も感じられなかった。もちろん胸のマークがLOTTEなことも、ある放送局が巨人対オリオンズと言っていたことも。

その時はかえってそれらが都会的なものだと思っていた。優勝後も東京スタジアムは不入り、自慢の二階席は土日でも夏休みでもいつも閉鎖されていた。

その後、子供だった私には何が何だかわからないうちに、本拠地をなくしてしまった。あの優勝の一夜の熱気はどこに行ってしまったのか、歴史を振り返ってみると実に色々な要因が見える。

パ・リーグの盟主たらんと登場した毎日オリオンズから、紆余曲折を繰り返した大映ユニオンズと合併、「毎日大映球団」ながら「大毎オリオンズ」の名前の通り、ラッパと呼ばれた永田オーナーの、良くも悪くも独壇場の球団となった。近年の球団合併の例を持ち出すまでもなく、毎日オリオンズのファンには、居心地に納得できない球団になったことは容易に想像がつく。ここで早くもファンとして、精神的な卒業生を出してしまったかもしれない。ましてやユニオンズ、かつてのスターズを応援していた方の心中は察するに余りある。

大毎―チーム・カラー変わり優勝から縁なく

その後もオリオンズやパ・リーグにとっては不運なことが続く時代を迎える。１９６０年の日本シリーズ、ミサイル打線で華やかなチームカラーだったはずのオリオンズ、日本一になればまた風向きも変わろうというものの、ご承知の通りの結果となり、以後優勝から10年遠ざかる。せっかく誕生した西本監督もチームを去った。後にブレーブス、バファローズの監督としてオリオンズの前に立ちはだかることとなったのも、後にオリオンズファンにとっては胸にとげが刺さる感じになったと思う。

60年限りで毎日新聞側の取締役が撤退、62年に永田オーナーが心血を注いで完成させた東京スタジアム、シーズン中には異例の6球団揃っての入場式が行われた。その新球場ではミサイル打線がさく裂し、縦縞に濃紺のＯｒｉｏｎｓの文字のユニフォームが内野まで貼られた天然芝で躍動、オリオンズとパリーグは下町っ子に人気を博するはずだった。

しかし、皮肉にもそのスタジアムで最初に、しかも完成した年に胴上げをしたのが水原監督率いる東映フライヤーズであり、「山の手カラーのオリオンズよりもフライヤーズの方が暴れん坊で下町カラーに向いている」などと揶揄されたとか。下町のモダンな新球場の完成と逆に、チーム成績は低迷してしまう。

次にオリオンズファンを待っていたのは、「世紀のトレード」である。ミサイル打線の顔である山内と、阪神の大エース小山の交換トレード、小山はオリオンズで、狭い東京スタジアム用の魔球パームボールを駆使して大活躍、素晴らしい成績を残してゆくことになるが、伝統のミサイル打線は一旦ここで完全に解体し、チームカラーの変化にファンはとまどったと聞いている。

ジャイアンツの9連覇が始まり、世の中はテレビ時代になった。マスコミをバックに持たないパ・リーグは、テレビ中継から見放され、野球はジャイアンツ一辺倒となってゆく。対戦相手として登場するセ・リーグのチームはまだしも、パ・リーグはいわれのないマイナー扱いを受けてゆく。かつての親会社毎日新聞社も、大毎以降はオリオンズの記事の扱いが大きくなかったとも聞いている。さらにテレビ時代の到来は永田オーナーの本業である映画産業に大打撃を与えることになり、まさにオリオンズにとっては大変な逆風となる。

「東京オリオンズ」時代—幻の鶴岡監督

オリオンズのファンには、その後も様々な事が起きてゆく。1964年のシーズンからは球団ニックネームを大毎オリオンズからその名も「東京オリオンズ」に改称、企業名を外した画期的なニックネーム、東京スタジアムの東京オリオンズである、ファンの立場からすれば、まさしく理想的なニックネームをもってしても、観客を呼ぶことができず、東京スタジアム開場の年には平均1万人だった観衆は6000人台からさらに減少する。65年オフに南海の名将、鶴岡監督が辞意を表明、パリーグ総裁でもあった永田オーナーは鶴岡氏を「パリーグのため」

という側面からも獲得を熱望、セリーグのサンケイと激しい争奪戦を展開、まさに新任球団を発表するその日、就任僅か4日目、南海の蔭山新監督が急逝、プロ野球界に衝撃が走った。

南海は鶴岡氏に監督復帰を要請、鶴岡氏はこれを受けて南海監督に復帰し、オリオンズ鶴岡監督の誕生は幻となった。永田オーナーは「パリーグに残ってくれたのがせめてもの救い」と無念さをにじませたという。後に永田氏の死去の後、鶴岡氏の口からあの人（永田氏）にお世話になろうと決めていたとの発言あり、オリオンズ監督就任が決定的で、鶴岡氏から発表の日に悲劇が起きたことが分かった。

オリオンズのその後の監督は二軍監督から昇格した田丸監督、毎日オリオンズ初代の4番打者の戸倉監督となるが、いずれも地味な感じが否めない。

翌66年にはカラーテレビ時代に合わせユニフォームを変更、長年親しまれたOrionsの濃紺の文字は赤色となった。同時にペットマークに桃太郎を採用、日本の子供たちのヒーローといえば金太郎と桃太郎という発想からと聞いているが、このペットマークには打撃編の他にも投球編や守備編が用意されており画期的なものだったのだが、肝心のチーム成績がついてこず、「下町の桃太郎は虫も殺さぬ」と揶揄されてしまう。ユニフォームの話を続ければ、67年には突然「ドジャース型」と呼んだこちらも長年親しまれた縦縞を排したものに変更され、益々毎日オリオンズからのイメージからは遠ざかっていったのである。

永田オーナーの本業、大映の状況はいよいよ厳しさを増していたにもかかわらず、野球への情熱は衰えず海外キャンプ実施や長嶋二世と呼ばれた山崎の獲得など話題をまき続けていたが、いよいよ抜き差しならぬ状況となりシーズンオフには球団売却の話題が頻繁に上がるようになってゆく。

ロッテが経営参入も閑古鳥のスタジアム

そして、ご承知の通り69年のシーズンから、今でいうところのネーミングライツでロッテと業務提携、チーム名はロッテオリオンズとなり縦縞どころか胸のマークからOrionsが無くなってしまった。ホーム用はOrions、ビジター用はTOKYOから一転、どちらもLOTTEとなった。チーム名も東京からロッテへ、ファンとしてはいかがなものだったか、このことをのちに多くの人たちに聞いてみたが、やむを得ないことと受け入れていたかのようではあった。

同じころプロ野球に、パ・リーグに激震が走った。言うまでもなく黒い霧事件である。新加入のアルトマンや新人有藤の活躍、力をつけた木樽、成田などにより戦力が整ってきたオリオンズであったのに、パ・リーグの人気は風前の灯火ともいえる状況に追い込まれてゆくことになる。

さて、ここまでが70年頃、私が感じた雰囲気のバックにあったものである（勿論まだまだあるのだが）。オリオンズのファンを続けることがいかに大変か、お分かりになっていただいただろうか。これらを乗り越えた〝行者〟のような先輩ファンが多かったように思う。今のファンの方は現在のマリーンズのご先祖様からして、下町の球場でさぞかし熱狂的だったと思われているかもしれないが。パリーグの盟主と目された球団は、20年後には永田氏のワンマンチームとなり、良くも悪くも東京のローカルチームとなった。監督より先にファンに胴上げされるオーナーなど二度と出ないであろう。

優勝した1970年ですら年間50万人の観客であったオリオンズ、そのオフには永田オーナーが球団を涙ながらに去っていった。ここで1つの球団史の区切りを迎えた。

だが歴史は続く。71年のシーズンからロッテが正式なオーナーとなるも、オーナーには岸信介氏の秘書であった中村氏が就任、放棄試合を引き起こし優勝監督の濃人監督を更迭、後任の大沢監督の好成績で話題となるも72年には守りの野球が機能せず5位低迷、観客動員僅か31万人ではどうしようもなかった。時は黒い霧の余波が続きまさにパ・リーグの危機となる。映画の同胞・東映と西鉄の相次ぐ経営撤退である。

一方で東京スタジアムは小佐野賢治氏の国際興業の手に渡り、賃借継続を望むロッテ球団に対し買い取りを要求する。平行線のままの交渉は決裂し、ロッテは本拠地のないジプシーと揶揄されるチームとなる。このままではパ・リーグは、終焉を迎えると本当に思われた。

カネやんのロッテ到来

そこに現れたのが、カネやんこと金田監督である。当時の金田氏は今では比較する人がいない大人気タレントで、400勝投手であり解説にも引っ張りだこ、コマーシャルやテレビ番組で顔を見ない日などなかった。野球漫画にも登場、巨人の星では大リーグボールの名付け親となるなど我々子供たちの人気絶大であった。金田監督によってオリオンズは一変、もうオリオンズというよりは「カネやんロッテ」である。金田監督とジャイアンツ長嶋選手の「ガムはロッテ、野球は巨人」のコマーシャルは一世を風靡し、カネやんの長嶋選手に対する「わるかかね！ わかるかね！ホー！」のフレーズは流行語となる。超人気監督の登場に加え、ジャイアンツファンの間でも、ロッテは親しみやすさを感じる存在になったこともあり、ロッテは一躍日本全国人気を集める球団となり、パ・リーグに再び目を向けさせることになったのは紛れもない事実である。

2シーズン制初年の前期には神宮を超満員にし、ジャイアンツ戦のテレビ中継をジャック、74年には仙台でプレーオフを制して胴上げ、カネやん念願のジャイアンツが相手ではなかったが10年ぶりにパ・リーグに日本一をもたらした。日本シリーズ主催の後楽園も満員、だがフランチャイズと言ってよい仙台で試合は開催されず、仙台での熱気は急速に冷めていった。チームは永田オーナーの次はカネやんのカラーで突っ走ったが、77年は仙台でのプレーオフで敗北を喫し、東京スタジアム復帰は「噂」の段階で立ち消え、仙台のファンに川崎を本拠地にすることが知れ渡り、後味の悪いシーズンとなった。

マリーンズへ——最終試合も満員ほど遠く

カネやんをもってしても老朽化した狭い川崎球場での結果は惨憺、野村克也の加入で優勝候補筆頭も、金田監督は移転初年度でチームを去り、オリオンズOBの山内監督が立て直すも川崎は不入り。オリオンズファンは川崎には来ず「後楽園が同窓会」であった。80年は西本監督のバファローズ、81年は大沢監督のファイターズといずれもオリオンズOB監督のチームに敗れる不運、稲尾監督でAクラスもその後チームは低迷、本拠地川崎球場はどうにもならない状態だった。

カネやん再登板にすべてを託したが、91年千葉移転を発表新球団のニックネームはマリーンズとなり、オリオンズは消滅した。私は三日三晩泣き通したが、西本氏の「故郷が失われたようだ」という発言以外、さして話題にもならずオリオンズは歴史に消えた。雨の中のオリオンズ最後の試合も満員には程遠かった。

胸のマークも結局最後までLOTTEのままだった。ちなみにマリーンズの胸にMの文字と縦縞のユニフォームは、プロ野球最長記録更新間違いなしのデザインとか、まさしく因縁である。

ZOZOマリンスタジアム公式戦の満員のスタンド、「日本一」といわれる応援など、オリオンズ時代からは夢のようである。千葉は球団史上最も長い期間の本拠地として四半世紀を超えた。ようやく本当の本拠地を得られたのだ。

もう、ガラガラのスタンドも様々なアクシデントも御免である。

補章 毎日オリオンズ 1950-1957

チーム全試合成績・投打年度別詳細記録

監修◎田畑智則

1950

犠打	犠飛	四球	敬遠	死球	三振	併打	妨害	失策	打率	順位	出塁率	長打率	OPS	年齢	守備
5	–	35	–	0	33	11	0	59	0.286	15	0.332	0.383	0.715	30	(三)88 (遊)54
0	–	49	–	0	36	15	0	8	0.335	2	0.397	0.671	1.068	30	(外)118
6	–	26	–	3	18	11	0	31	0.306	7	0.346	0.434	0.780	32	(二)120
0	–	44	–	1	20	9	0	13	0.322	5	0.387	0.479	0.866	29	(捕)112 (三)1
1	–	29	–	0	39	3	3	10	0.263	27	0.312	0.502	0.814	36	(外)106
3	–	42	–	1	36	3	0	6	0.324	4	0.396	0.507	0.903	34	(外)95
0	–	22	–	0	6	4	0	5	0.254		0.329	0.325	0.654	30	(一)74
2	–	17	–	0	24	6	0	3	0.287		0.348	0.436	0.785	32	(外)50 (三)1
1	–	15	–	0	18	3	0	8	0.303		0.365	0.477	0.842	34	(一)44 (捕)5
7	–	11	–	0	11	2	0	11	0.252		0.320	0.306	0.626	25	(遊)54 (二)2
4	–	8	–	1	7	3	0	5	0.212		0.274	0.269	0.544	32	(三)44
4	–	5	–	0	9	0	0	1	0.196		0.235	0.289	0.524	24	(投)48
3	–	5	–	2	11	1	0	11	0.280		0.330	0.344	0.674	30	(遊)39
3	–	2	–	0	8	5	0	0	0.224		0.241	0.271	0.512	31	(投)34
0	–	4	–	0	11	2	0	3	0.231		0.268	0.333	0.602	29	(一)25 (外)2
1	–	3	–	0	10	1	0	0	0.260		0.288	0.429	0.716	33	(外)24
4	–	2	–	0	12	3	0	2	0.162		0.184	0.203	0.387	26	(投)35
0	–	6	–	0	18	3	0	4	0.232		0.306	0.393	0.699	33	(一)21
1	–	2	–	0	6	1	0	1	0.321		0.345	0.434	0.779	33	(投)29
0	–	5	–	1	5	1	0	2	0.245		0.327	0.306	0.633	30	(捕)9
0	–	5	–	0	5	1	0	6	0.262		0.340	0.381	0.721	40	(遊)16 (二)2 (三)2
2	–	2	–	0	8	1	0	1	0.268		0.302	0.341	0.644	27	(投)23
0	–	2	–	0	8	1	0	6	0.303		0.343	0.485	0.828	26	(三)16
0	–	1	–	0	2	1	0	0	0.226		0.250	0.484	0.734	42	(投)14
0	–	0	–	0	2	2	0	1	0.091		0.091	0.091	0.182	21	(投)10
0	–	1	–	0	1	0	0	–	0.333		0.429	0.333	0.762	25	–
1	–	1	–	0	1	0	0	1	0.000		0.333	0.000	0.333	28	(投)5
0	–	0	–	0	2	0	0	0	0.000		0.000	0.000	0.000	28	(外)4
0	–	0	–	0	0	0	0	0	0.000		0.000	0.000	0.000	48	(投)1
0	–	0	–	0	0	0	0	0	1.000		1.000	3.000	4.000	23	(投)1
0	–	0	–	0	0	0	0	0	–		–	–	–	26	(投)1
48		344		9	367	93	3	198	0.286		0.340	0.443	0.783		

打撃成績

1950年　81勝34敗5分　.704　パ1位　総監督湯浅禎夫　監督若林忠志

背番号	選手名	試合	打席	打数	得点	安打	二塁	三塁	本塁	塁打	打点	盗塁	盗刺
6	河内 卓司	120	554	514	78	147	25	5	5	197	53	28	16
25	別当 薫	120	526	477	108	160	23	4	43	320	105	34	7
24	本堂 保次	120	503	468	73	143	20	2	12	203	84	13	6
19	土井垣 武	112	473	428	64	138	18	2	15	205	72	16	6
8	戸倉 勝城	110	447	414	90	109	18	9	21	208	96	22	12
23	呉 昌征	98	407	361	89	117	23	11	7	183	45	29	6
5	西本 幸雄	76	219	197	22	50	9	1	1	64	18	13	7
1	伊藤 庄七	68	200	181	30	52	15	0	4	79	26	6	5
20	片岡 博国	63	171	155	22	47	11	2	4	74	26	1	1
3	今久留主 功	63	129	111	22	28	4	1	0	34	7	7	2
2	今久留主 淳	45	117	104	16	22	4	1	0	28	7	5	2
11	荒巻 淳	48	106	97	10	19	9	0	0	28	6	0	0
7	奥田 元	43	103	93	14	26	3	0	1	32	11	13	4
13	野村 武史	34	90	85	7	19	4	0	0	23	10	0	1
27	三宅 宅三	37	82	78	9	18	3	1	1	26	9	1	1
9	小田野 柏	41	81	77	18	20	6	2	1	33	14	4	0
12	榎原 好	35	80	74	9	12	0	0	1	15	5	0	0
32	大館 勲夫	31	62	56	5	13	3	0	2	22	8	0	0
14	佐藤 平七	29	56	53	7	17	1	1	1	23	9	0	0
21	長島 進	33	55	49	5	12	0	0	1	15	8	0	0
30	苅田 久徳	20	47	42	5	11	5	0	0	16	3	1	1
16	上野 重雄	23	45	41	5	11	0	0	1	14	3	0	0
22	野村 輝夫	16	35	33	3	10	3	0	1	16	6	2	2
33	若林 忠志	14	32	31	2	7	2	0	2	15	8	0	0
18	星野 武男	10	11	11	0	1	0	0	0	1	0	0	0
26	小俣 秀夫	7	7	6	0	2	0	0	0	2	0	0	0
15	祖父江 東一郎	5	4	2	0	0	0	0	0	0	0	0	0
28	白川 一	5	3	3	0	0	0	0	0	0	0	0	0
35	湯浅 禎夫	1	3	3	0	0	0	0	0	0	0	0	0
17	萩原 昭	1	1	1	0	1	0	1	0	3	1	0	0
10	浅井 守	1	0	0	0	0	0	0	0	0	0	0	0
	チーム計	120	4649	4245	713	1212	209	43	124	1879	640	195	79

打数	安打	本塁	四球	死球	三振	暴投	ボーク	失点	自責点	防御率	順位	WHIP	年齢	守備
1035	240	11	55	1	150	1	0	86	63	2.06	1	1.070	24	(投)48
877	258	13	47	4	75	0	0	103	81	3.34	9	1.400	31	(投)34
752	188	26	59	6	90	3	1	99	80	3.67	16	1.260	26	(投)35
526	134	9	58	4	61	1	1	76	63	4.08	22	1.380	33	(投)29
463	133	16	31	3	42	0	0	56	51	3.89		1.400	27	(投)23
290	79	7	15	0	20	0	0	41	30	3.70		1.290	42	(投)14
164	46	4	16	1	6	0	0	29	25	5.77		1.600	21	(投)10
51	11	4	10	0	12	0	0	16	10	6.92		1.660	28	(投)5
13	2	0	6	0	2	0	0	2	2	4.50		2.000	48	(投)1
9	3	2	0	0	2	0	0	2	2	9.00		1.500	23	(投)1
8	3	0	2	0	2	0	0	2	2	9.00		2.500	26	(投)1
4188	1097	92	299	19	462	5	2	512	409	3.42		1.297		

〈記録の見どころ〉

阪神からの移籍組の別当薫、本堂保次、土井垣武、呉昌征の活躍がすごい。4人共打撃ベスト10に入っている。特に阪神時代から爆発的人気を誇った別当は日本初のトリプルスリー（打率3割、30本塁打、30盗塁以上）を記録、移籍のゴタゴタを吹き飛ばす活躍。ちなみにセ・リーグでも松竹岩本が記録、セパ両リーグで合計2人の達成は2015年のソフトバンク柳田、ヤクルト山田まで65年間待つことになる。

投手では荒巻が新人王、最優秀防御率、最多勝のタイトルを取り一気にスターへ！　荒巻はリリーフで16勝1敗、先発で10勝7敗でリリーフでの相性が良かった。

投手成績

背番号	選手名	登板	先発	完了	完投	完封	無四	勝利	敗戦	S	H	投球回	打者
11	荒巻 淳	48	19	27	16	3	4	26	8	5	0	274.2	1098
13	野村 武史	34	27	4	15	1	1	18	4	1	0	217.1	934
12	榎原 好	35	26	6	11	1	0	16	7	0	0	196.0	824
14	佐藤 平七	29	22	3	4	1	0	9	4	1	0	138.2	594
16	上野 重雄	23	12	9	6	3	0	7	6	1	0	117.1	502
33	若林 忠志	14	7	5	4	1	1	4	3	1	0	73.0	306
18	星野 武男	10	3	5	2	0	0	1	1	0	0	38.2	181
15	祖父江 東一郎	5	3	1	0	0	0	0	1	0	0	12.2	62
35	湯浅 禎夫	1	1	0	0	0	0	0	0	0	0	4.0	19
17	萩原 昭	1	0	1	0	0	0	0	0	0	0	2.0	9
10	浅井 守	1	0	1	0	0	0	0	0	0	0	2.0	10
	チーム計	120	120	62	58	11	10	81	34	9	0	1076.1	4539

犠飛	四球	敬遠	死球	三振	併打	妨害	失策	打率	順位	出塁率	長打率	OPS	年齢	守備
−	44	−	1	38	15	0	12	0.309	4	0.379	0.523	0.902	31	(外)103
−	35	−	4	26	0	0	1	0.302	7	0.367	0.381	0.747	35	(外)100
−	43	−	2	24	9	0	10	0.268	21	0.347	0.378	0.725	30	(捕)101 (三)1
−	26	−	0	53	7	0	7	0.303	6	0.348	0.468	0.816	33	(外)97
−	20	−	0	15	10	0	36	0.284	14	0.323	0.382	0.706	31	(三)62 (遊)47 (二)2
−	24	−	0	16	3	0	26	0.231	34	0.284	0.298	0.582	33	(二)78 (三)18 (遊)1
−	22	−	0	12	9	2	11	0.281	16	0.333	0.421	0.754	30	(一)58 (外)31
−	23	−	2	22	2	0	24	0.200		0.291	0.251	0.542	26	(二)41 (遊)36
−	12	−	0	9	3	0	3	0.218		0.271	0.309	0.580	31	(一)56 (二)1
−	11	−	0	14	2	0	20	0.200		0.255	0.293	0.548	31	(遊)58 (三)3 (二)1
−	5	−	0	8	1	0	5	0.168		0.205	0.224	0.430	24	(三)42 (一)10
−	10	−	0	9	3	0	1	0.229		0.312	0.361	0.673	35	(一)12 (捕)11
−	5	−	1	11	1	0	1	0.230		0.288	0.243	0.531	29	(外)30
−	3	−	0	12	1	0	3	0.260		0.288	0.312	0.599	32	(投)38
−	4	−	0	13	1	0	11	0.192		0.250	0.269	0.519	27	(三)22 (二)3
−	3	−	0	5	0	0	3	0.118		0.167	0.157	0.324	25	(投)31
−	1	−	0	5	1	0	0	0.133		0.152	0.133	0.286	34	(投)25
−	3	−	0	7	1	0	2	0.261		0.306	0.457	0.763	34	(一)16
−	1	−	0	5	1	0	3	0.175		0.195	0.200	0.395	27	(投)30 (一)1
−	3	−	0	8	1	0	1	0.259		0.333	0.259	0.593	28	(投)20
−	2	−	0	5	0	0	0	0.241		0.290	0.276	0.566	23	(投)21
−	0	−	0	6	1	0	2	0.273		0.273	0.409	0.682	26	(投)11
−	1	−	0	2	0	0	1	0.278		0.316	0.278	0.594	22	(投)14 (三)1
−	1	−	0	0	0	0	1	0.154		0.214	0.154	0.368	43	(投)11
−	1	−	0	1	0	0	0	0.167		0.231	0.167	0.397	31	(捕)3
−	0	−	0	0	0	0	1	0.000		0.000	0.000	0.000	27	(投)4
−	0	−	0	0	0	0	0	0.333		0.333	0.333	0.667	29	(投)2
−	0	−	0	0	0	0	0	0.000		0.000	0.000	0.000	28	(捕)3
	303		10	326	72	2	185	0.258		0.316	0.365	0.681		

打撃成績

1951年　54勝51敗5分　.514　パ3位　総監督湯浅禎夫　監督若林忠志

背番号	選手名	試合	打席	打数	得点	安打	二塁打	三塁打	本塁打	塁打	打点	盗塁	盗刺	犠打
25	別当 薫	108	444	398	77	123	23	7	16	208	67	22	9	1
23	呉 昌征	104	422	381	59	115	13	4	3	145	25	18	9	2
19	土井垣 武	103	416	370	39	99	13	2	8	140	60	6	8	1
1	伊藤 庄七	101	403	376	61	114	28	5	8	176	47	16	10	1
6	河内 卓司	94	376	348	46	99	14	4	4	133	35	4	7	8
24	本堂 保次	94	355	325	34	75	13	0	3	97	32	7	8	6
27	三宅 宅三	88	306	278	45	78	11	2	8	117	39	19	8	4
3	今久留主 功	72	225	195	22	39	6	2	0	49	9	11	4	5
5	西本 幸雄	67	178	165	17	36	7	1	2	51	17	5	3	1
7	奥田 元	64	164	150	17	30	9	1	1	44	17	7	10	3
17	萩原 昭	51	113	107	8	18	4	1	0	24	10	1	0	1
20	片岡 博国	55	94	83	7	19	3	1	2	30	20	1	1	1
28	白川 一	52	81	74	12	17	1	0	0	18	5	10	6	1
13	野村 武史	39	80	77	10	20	2	1	0	24	4	1	1	0
22	野村 輝夫	26	57	52	5	10	1	0	1	14	5	3	0	1
11	荒巻 淳	32	56	51	3	6	2	0	0	8	4	0	2	2
14	佐藤 平七	25	50	45	4	6	0	0	0	6	3	1	1	4
32	大館 勲夫	24	49	46	3	12	3	0	2	21	8	0	0	0
12	榎原 好	31	45	40	4	7	1	0	0	8	6	0	0	4
16	上野 重雄	20	33	27	3	7	0	0	0	7	3	0	0	3
41	山根 俊英	22	32	29	1	7	1	0	0	8	1	0	0	1
9	北川 桂太郎	15	23	22	2	6	0	0	1	9	4	0	0	1
18	星野 武男	15	19	18	0	5	0	0	0	5	2	1	0	0
33	若林 忠志	11	14	13	1	2	0	0	0	2	0	0	1	0
21	長島 進	7	13	12	1	2	0	0	0	2	0	0	0	0
10	浅井 守	4	8	8	1	0	0	0	0	0	0	0	0	0
15	祖父江 東一郎	2	3	3	0	1	0	0	0	1	0	0	0	0
31	東口 清美	3	1	1	0	0	0	0	0	0	1	0	0	0
	チーム計	110	4060	3694	482	953	155	31	59	1347	424	133	88	51

打数	安打	本塁	四球	死球	三振	暴投	ボーク	失点	自責点	防御率	順位	WHIP	年齢	守備
797	202	14	52	9	70	0	0	86	58	2.51	8	1.220	32	(投)38
549	139	6	29	0	55	1	0	55	39	2.42	6	1.160	25	(投)31
553	153	12	39	3	49	1	0	71	52	3.32	18	1.360	34	(投)25
503	143	11	40	0	39	2	4	78	62	4.36		1.430	27	(投)30 (一)1
330	78	6	27	2	21	4	0	42	36	3.64		1.190	23	(投)21
330	79	2	23	0	25	0	0	35	27	2.83		1.190	28	(投)20
218	64	2	19	1	14	0	1	41	31	5.17		1.550	22	(投)14 (三)1
189	47	2	16	0	17	0	2	18	14	2.57		1.290	26	(投)11
161	46	6	6	0	14	0	1	29	22	4.83		1.270	43	(投)11
65	14	0	10	0	4	0	3	6	4	2.12		1.440	27	(投)4
25	6	0	0	0	2	0	0	2	2	2.57		0.950	29	(投)2
3720	971	61	261	15	310	8	11	463	347	3.25		1.281		

〈記録の見どころ〉

前年と比べて数字が貧弱となったのは、前年までラビットボールと言われた飛ぶボールを飛ばないボールに変えたからと言われている。また、戦力均等化の思想から4番戸倉の阪急放出が痛い。この年南海ホークスが史上最高勝率の・750で優勝、打撃ベスト10に4人が入る凄さの中、毎日も3人がベスト10。

しかし、投手陣がガタ落ち。荒巻が疲れと故障からか10勝と半減以下。野村がエースではきつくなる。野村は二番手にいるとかなりの存在感のはずだ。打ち勝つ野球ができなくなってきた。100万ドルの内野陣と言われた南海に比べると見劣りする。守備の数字が飛ばない打球の肝になってきた年でもあった。

投手成績

背番号	選手名	登板	先発	完了	完投	完封	無四	勝利	敗戦	S	H	投球回	打者
13	野村 武史	38	21	16	11	3	1	13	12	3	0	207.2	874
11	荒巻 淳	31	11	16	7	1	3	10	8	3	0	144.1	586
14	佐藤 平七	25	20	2	4	1	0	9	5	1	0	141.0	602
12	榎原 好	30	14	12	3	0	0	6	7	2	0	128.0	552
41	山根 俊英	21	8	10	4	1	2	4	4	0	0	88.1	363
16	上野 重雄	20	12	7	4	1	1	6	5	2	0	86.0	355
18	星野 武男	14	9	2	2	0	1	2	4	0	0	53.2	244
9	北川 桂太郎	11	6	3	2	1	0	3	2	0	0	48.2	208
33	若林 忠志	11	5	4	0	0	0	0	4	0	0	41.0	173
10	浅井 守	4	4	0	0	0	0	1	0	0	0	16.2	75
15	祖父江 東一郎	2	0	1	0	0	0	0	0	0	0	6.1	25
	チーム計	110	73	37	12	10		54	51	11	0	961.2	4057

観客動員数 438,606人 (2位)

犠飛	四球	敬遠	死球	三振	併打	妨害	失策	打率	順位	出塁率	長打率	OPS	年齢	守備
–	56	–	0	30	17	0	5	0.279	19	0.357	0.498	0.855	32	(外)120 (投)1
–	57	–	2	33	11	0	23	0.270	22	0.360	0.372	0.732	34	(二)120
–	50	–	4	34	18	0	8	0.296	11	0.376	0.472	0.848	31	(捕)118
–	43	–	2	16	11	0	21	0.235	35	0.314	0.281	0.595	32	(三)113 (遊)2
–	32	–	1	27	9	3	3	0.294	12	0.350	0.497	0.848	31	(外)65 (一)52
–	35	–	0	35	3	0	5	0.264	26	0.334	0.399	0.734	34	(外)94
–	50	–	1	20	4	0	1	0.258		0.377	0.333	0.711	36	(外)99
–	29	–	0	21	6	0	4	0.246		0.317	0.318	0.635	32	(一)92
–	23	–	0	24	1	0	33	0.255		0.318	0.339	0.656	29	(遊)87 (二)1
–	9	–	0	6	1	0	18	0.205		0.257	0.244	0.501	24	(遊)41 (三)3
–	10	–	0	11	7	2	3	0.336		0.390	0.434	0.824	20	(外)37
–	5	–	0	19	3	0	0	0.319		0.364	0.583	0.947	35	(一)10
–	1	–	0	11	0	0	2	0.191		0.203	0.250	0.453	24	(投)42
–	1	–	0	10	1	0	2	0.282		0.292	0.338	0.630	33	(投)39
–	4	–	1	6	1	0	1	0.346		0.404	0.423	0.827	30	(外)33
–	4	–	0	10	2	0	3	0.220		0.278	0.280	0.558	29	(投)33
–	6	–	0	3	1	0	1	0.271		0.352	0.313	0.664	36	(一)7
–	1	–	0	5	0	0	2	0.250		0.270	0.250	0.520	28	(投)26 (一)1
–	1	–	0	3	1	0	0	0.265		0.286	0.324	0.609	25	(投)25 (外)1
–	1	–	0	4	1	0	2	0.100		0.129	0.133	0.262	26	(投)26
–	5	–	0	9	0	0	0	0.040		0.200	0.080	0.280	20	(投)25 (外)1
–	0	–	0	2	1	0	3	0.185		0.185	0.259	0.444	25	(三)15 (二)1
–	0	–	0	10	2	0	0	0.120		0.120	0.120	0.240	18	(投)22
–	0	–	0	3	1	0	3	0.160		0.160	0.160	0.320	28	(三)10 (二)4
–	0	–	0	0	0	0	4	0.360		0.360	0.360	0.720	35	(捕)12
–	1	–	0	4	1	0	7	0.278		0.316	0.333	0.649	18	(遊)9 (二)1
–	1	–	0	2	0	0	3	0.083		0.154	0.083	0.237	22	(遊)7 (二)1
–	1	–	0	2	0	0	1	0.333		0.400	0.667	1.067	30	(投)10
–	0	–	0	1	0	0	0	0.000		0.000	0.000	0.000	29	(投)6
–	0	–	0	0	0	0	0	0.500		0.500	0.500	1.000	35	(投)2
–	0	–	0	0	0	0	0	0.500		0.500	0.500	1.000	19	(投)1
–	0	–	0	0	0	0	0	–		–	–	–	23	(投)1
	426		11	361	103	5	158	0.264		0.335	0.381	0.716		

打撃成績

1952年　75勝45敗0分　.625　パ2位　総監督湯浅禎夫　監督若林忠志、別当薫

背番号	選手名	試合	打席	打数	得点	安打	二塁打	三塁打	本塁打	塁打	打点	盗塁	盗刺	犠打
25	別当 薫	120	513	456	93	127	26	10	18	227	67	40	13	1
24	本堂 保弥	120	492	422	51	114	19	3	6	157	56	15	4	11
19	土井垣 武	119	479	422	55	125	25	5	13	199	72	7	7	3
6	河内 卓司	114	449	395	49	93	9	3	1	111	37	8	9	9
27	三宅 宅三	106	414	378	66	111	19	2	18	188	69	25	15	0
1	伊藤 庄七	102	375	333	50	88	22	1	7	133	50	14	4	7
23	呉 昌征	108	320	267	41	69	13	2	1	89	27	16	6	2
5	西本 幸雄	106	319	280	42	69	10	5	0	89	23	10	4	10
2	長谷川 善三	87	284	251	33	64	9	3	2	85	31	11	1	10
3	北村 正司	42	138	127	6	26	3	1	0	31	4	2	2	2
8	山内 和弘	44	126	113	16	38	8	0	1	49	13	4	2	1
32	大館 勲夫	61	77	72	6	23	7	0	4	42	16	0	1	0
41	山根 俊英	43	74	68	1	13	2	1	0	17	9	1	0	5
13	野村 武史	39	74	71	4	20	2	1	0	24	4	0	0	2
28	白川 一	57	57	52	11	18	4	0	0	22	5	6	1	0
16	上野 重雄	33	56	50	4	11	3	0	0	14	8	0	0	2
20	片岡 博国	42	54	48	2	13	2	0	0	15	10	0	0	0
12	榎原 好	27	38	36	3	9	0	0	0	9	3	0	0	1
21	末吉 俊信	29	35	34	5	9	2	0	0	11	0	1	0	0
11	荒巻 淳	31	34	30	2	3	1	0	0	4	0	0	0	3
15	宮崎 一夫	26	31	25	0	1	1	0	0	2	2	0	0	1
17	萩原 昭	20	27	27	1	5	0	1	0	7	3	0	0	0
61	和田 勇	22	26	25	1	3	0	0	0	3	0	0	0	1
22	野村 輝夫	15	26	25	1	4	0	0	0	4	0	0	0	1
26	上林 繁次郎	12	25	25	3	9	0	0	0	9	3	0	0	0
7	島田 恒幸	10	19	18	1	5	1	0	0	6	2	0	0	0
46	海部 和夫	8	14	12	1	1	0	0	0	1	0	0	0	1
18	守田 政人	10	10	9	2	3	0	0	1	6	2	0	0	0
31	稲垣 定雄	6	4	4	0	0	0	0	0	0	0	0	0	0
14	佐藤 平七	12	2	2	4	1	0	0	0	1	0	0	0	0
10	清水 宏員	1	2	2	0	1	0	0	0	1	1	0	0	0
51	滝 良彦	1	0	0	0	0	0	0	0	0	0	0	0	0
	チーム計	120	4594	4079	554	1076	188	38	72	1556	517	160	69	73

打数	安打	本塁	四球	死球	三振	暴投	ボーク	失点	自責点	防御率	順位	WHIP	年齢	守備
728	193	11	43	2	53	1	0	73	60	2.76	6	1.210	33	(投)39
696	156	11	53	2	81	7	1	78	67	3.14	8	1.090	24	(投)42
581	149	13	35	1	41	0	0	71	53	3.20		1.230	29	(投)33
425	112	7	37	1	71	2	2	42	33	2.63		1.320	28	(投)26 (一)1
412	94	7	22	0	55	2	0	35	23	1.86		1.050	26	(投)26
346	80	4	22	2	28	0	1	32	24	2.30		1.090	20	(投)25 (外)1
312	81	4	52	1	32	4	1	42	34	3.44		1.490	25	(投)25 (外)1
277	60	1	27	0	46	0	0	23	18	2.03		1.090	18	(投)22
136	29	0	33	1	9	1	0	23	16	3.69		1.620	30	(投)10
64	18	4	8	0	3	0	0	14	10	5.63		1.660	29	(投)6
14	3	1	1	1	1	0	0	1	1	2.25		1.000	19	(投)1
18	9	1	5	0	0	0	0	6	6	13.50		3.820	35	(投)2
3	0	0	1	0	1	0	0	0	0	0.00		1.000	32	(外)120 (投)1
4	3	1	0	0	0	0	0	1	1	9.00		9.000	23	(投)1
4016	987	65	339	11	421	17	5	441	346	2.87		1.222		

〈記録の見どころ〉

1951年に比べて復活の兆しをみせる。この年は4番も打つこともあった三宅の長打力が上がったのが大きい。別当と同じ18本塁打を放っている。土井垣も8本から13本と長打力が戻ってきた。しかし、3割到達はおらず。そして山内和弘が入団。1年目から113打数38安打・336の高打率で、将来の楽しみを感じさせたに違いない。

投手陣は絶対的エースの荒巻が本調子で無い分、継投の投手陣（完投が少ない）でシーズン2位まで上がってきた。投手継投策は毎日のお家芸のように思われている。

投手成績

背番号	選手名	登板	先発	完了	完投	完封	無四	勝利	敗戦	S	H	投球回	打者
13	野村 武史	39	27	9	8	1	2	16	9	2	0	195.1	792
41	山根 俊英	42	19	17	4	0	0	12	6	5	0	192.0	761
16	上野 重雄	33	17	11	4	2	2	14	6	2	0	149.0	626
12	榎原 好	26	16	5	4	1	0	8	5	1	2	112.2	472
11	荒巻 淳	26	11	10	4	1	1	7	6	2	1	110.1	439
15	宮崎 一夫	25	6	13	1	1	0	5	2	4	0	93.2	372
21	末吉 俊信	25	11	11	1	0	0	6	6	6	0	89.0	370
61	和田 勇	22	6	12	1	1	0	4	3	2	0	79.2	313
18	守田 政人	10	5	0	0	0	0	2	1	0	0	38.1	174
31	稲垣 定雄	6	1	4	0	0	0	0	1	2	0	15.2	73
10	清水 宏員	1	1	0	0	0	0	1	0	0	0	4.0	16
14	佐藤 平七	2	0	0	0	0	0	0	0	0	0	3.2	23
25	別当 薫	1	0	1	0	0	0	0	0	0	0	1	4
51	滝 良彦	1	0	0	0	0	0	0	0	0	1	0.1	4
	チーム計	120	120	93	27	12	10	75	45	26	4	1084.2	4439

(4位)

四球	敬遠	死球	三振	併打	妨害	失策	打率	順位	出塁率	長打率	OPS	年齢	守備
39	-	0	22	17	3	10	0.273	20	0.341	0.435	0.776	32	(一)63 (外)55
27	-	3	19	6	0	12	0.264	28	0.321	0.393	0.715	35	(二)100 (三)1
26	-	0	26	8	0	17	0.241		0.304	0.266	0.569	25	(遊)60 (三)42 (二)19
16	-	1	21	4	0	10	0.264	27	0.302	0.373	0.675	32	(捕)86
33	-	0	18	11	0	6	0.305		0.378	0.509	0.887	33	(外)70 (一)11
43	-	0	27	1	0	2	0.272		0.379	0.316	0.695	37	(外)86
26	-	1	11	4	0	3	0.315		0.381	0.410	0.792	23	(外)78
10	-	5	36	2	0	6	0.274		0.314	0.386	0.700	24	(外)76
31	-	1	40	4	0	1	0.244		0.343	0.418	0.761	21	(外)65
24	-	3	5	5	0	4	0.301		0.386	0.352	0.739	33	(一)76
20	-	0	14	4	0	11	0.245		0.319	0.310	0.628	33	(三)68 (遊)3
8	-	0	30	4	0	18	0.182		0.217	0.227	0.443	19	(遊)46 (二)18 (三)16
5	-	1	9	1	0	2	0.206		0.248	0.252	0.500	30	(遊)56 (二)5
10	-	0	9	1	0	6	0.247		0.320	0.462	0.783	23	(三)13 (外)12 (捕)2 (遊)2
4	-	0	9	0	0	3	0.241		0.275	0.322	0.597	27	(投)50
8	-	0	16	3	0	0	0.160		0.236	0.185	0.421	37	(捕)22 (外)1
12	-	1	21	1	0	0	0.222		0.341	0.292	0.633	36	(一)17
6	-	1	3	0	0	1	0.230		0.309	0.262	0.571	23	(捕)20 (外)2
1	-	0	7	0	0	1	0.137		0.154	0.137	0.291	29	(投)35
1	-	0	3	2	0	3	0.216		0.231	0.314	0.544	30	(三)16 (投)3 (外)1
5	-	0	6	2	0	1	0.242		0.342	0.303	0.645	34	(投)30
5	-	0	4	0	0	0	0.033		0.171	0.033	0.205	21	(投)32
3	-	0	5	0	0	4	0.179		0.258	0.286	0.544	23	(捕)13
3	-	0	3	0	0	1	0.130		0.231	0.130	0.361	20	(投)20
2	-	0	5	0	0	0	0.143		0.217	0.143	0.360	35	(外)8
1	-	0	3	1	0	1	0.111		0.158	0.111	0.269	25	(投)22 (一)1 (三)1
1	-	0	1	2	0	0	0.176		0.222	0.176	0.399	20	(投)23
1	-	0	3	0	0	1	0.526		0.550	0.632	1.182	24	(投)6
1	-	0	3	1	0	1	0.133		0.188	0.400	0.588	19	(投)15
0	-	0	3	0	0	0	0.125		0.125	0.188	0.313	26	(投)11 (二)2
1	-	0	5	0	0	1	0.077		0.143	0.077	0.220	20	(三)5 (外)3
2	-	0	2	0	0	0	0.182		0.308	0.182	0.490	22	(三)8 (二)2 (遊)1
1	-	0	3	1	0	1	0.000		0.100	0.000	0.100	18	(投)9
0	-	0	0	0	0	0	0.429		0.429	0.429	0.857	36	(捕)5
1	-	0	0	0	0	0	0.250		0.400	0.250	0.650	20	(外)3
0	-	0	0	0	0	0	0.333		0.333	0.333	0.667	30	(投)3
0	-	0	1	0	0	0	0.000		0.000	0.000	0.000	45	(投)2
0	-	0	0	0	0	1	0.000		0.000	0.000	0.000	26	(三)1
0	-	0	0	0	0	0	0.000		0.000	0.000	0.000	19	(一)4
0	-	0	0	0	0	1	0.000		0.000	0.000	0.000	24	(投)3
0	-	0	0	0	0	0	0.000		0.000	0.000	0.000	23	(投)3
377		17	393	85	3	129	0.252		0.319	0.350	0.668		

打撃成績

1953年　56勝62敗2分　.475　パ5位　総監督湯浅禎夫　監督若林忠志 観客動員数 502,250人

背番号	選手名	試合	打席	打数	得点	安打	二塁打	三塁打	本塁打	塁打	打点	盗塁	盗刺	犠打	犠飛
27	三宅 宅三	113	420	377	55	103	17	1	14	164	63	32	10	1	−
24	本堂 保弥	101	393	356	42	94	22	3	6	140	39	8	6	7	−
3	北村 正司	111	348	290	26	70	2	1	1	77	23	1	3	32	−
19	土井垣 武	92	334	314	19	83	14	1	6	117	43	0	5	3	−
25	別当 薫	82	312	279	38	85	16	4	11	142	48	14	9	0	−
23	呉 昌征	101	296	250	47	68	5	3	0	79	14	8	5	3	−
22	荒川 博	99	283	251	33	79	9	6	1	103	20	8	4	5	−
36	栗木 孝幸	90	281	259	31	71	8	6	3	100	11	13	13	7	−
8	山内 和弘	72	247	213	36	52	8	4	7	89	24	9	3	2	−
5	西本 幸雄	94	225	193	33	58	6	2	0	68	20	5	4	5	−
6	河内 卓司	70	214	184	17	45	8	2	0	57	15	5	2	10	−
7	島田 恒幸	81	192	181	14	33	4	2	0	41	14	0	3	3	−
2	長谷川 善三	65	119	107	7	22	5	0	0	27	5	0	4	6	−
52	C.フッド	25	103	93	14	23	3	1	5	43	26	4	2	0	−
11	荒巻 淳	51	95	87	7	21	5	1	0	28	9	1	0	4	−
20	片岡 博国	51	90	81	3	13	0	1	0	15	9	0	0	1	−
32	大館 勲夫	51	85	72	3	16	2	0	1	21	5	0	0	0	−
4	沼沢 康一郎	38	69	61	5	14	2	0	0	16	3	1	3	1	−
12	榎原 好	35	56	51	2	7	0	0	0	7	2	0	0	4	−
31	稲垣 定雄	22	53	51	1	11	3	1	0	16	5	1	0	1	−
13	野村 武史	30	38	33	2	8	2	0	0	10	1	0	0	0	−
15	宮崎 一夫	32	35	30	1	1	0	0	0	1	1	0	0	0	−
43	阪田 芳秀	15	32	28	3	5	1	1	0	8	1	1	1	1	−
39	和田 功	21	31	23	4	3	0	0	0	3	2	0	0	5	−
1	伊藤 庄七	13	23	21	1	3	0	0	0	3	2	0	1	0	−
41	山根 俊英	32	20	18	3	2	0	0	0	2	0	1	0	1	−
10	清水 宏員	23	20	17	1	3	0	0	0	3	0	0	0	2	−
50	L.カイリー	7	20	19	4	10	2	0	0	12	3	0	0	0	−
61	和田 勇	15	19	15	2	2	1	0	1	6	4	0	0	3	−
21	末吉 俊信	13	16	16	1	2	1	0	0	3	0	0	0	0	−
48	橋本 力	12	14	13	0	1	0	0	0	1	0	1	0	0	−
45	西脇 光二	11	13	11	0	2	0	0	0	2	1	1	0	0	−
18	植村 義信	9	10	9	0	0	0	0	0	0	0	0	0	0	−
26	上林 繁次郎	7	7	7	0	3	0	0	0	3	1	0	0	0	−
54	山田 利昭	6	5	4	0	1	0	0	0	1	0	0	0	0	−
16	上野 重雄	3	3	3	0	1	0	0	0	1	0	0	0	0	−
33	若林 忠志	2	3	3	0	0	0	0	0	0	0	0	0	0	−
17	萩原 昭	1	3	3	0	0	0	0	0	0	0	0	1	0	−
47	兵頭 冽	4	2	2	0	0	0	0	0	0	0	0	0	0	−
51	滝 良彦	3	2	2	0	0	0	0	0	0	0	0	0	0	−
4·37	相沢 進	3	1	1	0	0	0	0	0	0	0	0	0	0	−
	チーム計	120	4532	4028	455	1015	146	40	56	1409	414	114	79	107	

打数	安打	本塁	四球	死球	三振	暴投	ボーク	失点	自責点	防御率	順位	WHIP	年齢	守備
895	198	8	49	1	122	5	0	75	59	2.14	4	1.000	27	(投)50
607	149	8	52	2	125	4	1	62	51	2.82		1.230	29	(投)35
467	140	6	23	1	35	0	0	55	45	3.32		1.340	34	(投)30
390	90	6	29	3	45	1	0	37	33	2.78		1.120	21	(投)32
334	84	4	38	0	59	2	0	44	34	3.40		1.370	20	(投)20
259	73	4	24	2	23	2	0	36	26	3.44		1.430	25	(投)22 (一)1 (三)1
244	61	2	29	1	25	0	0	28	24	3.32		1.380	20	(投)23
199	53	3	18	0	25	1	2	30	22	3.81		1.380	19	(投)15
179	54	3	28	3	13	1	0	32	30	5.74		1.760	26	(投)11 (二)2
160	36	2	15	6	32	0	0	14	9	1.80		1.130	24	(投)6
128	30	2	22	0	27	0	1	18	17	4.37		1.510	18	(投)9
37	13	0	4	0	3	0	0	5	5	4.50		1.760	30	(投)3
34	11	2	3	0	7	0	0	4	4	4.50		1.750	24	(投)3
30	7	1	0	0	3	0	1	2	2	2.25		0.880	30	(三)16 (投)3 (外)1
33	15	0	2	0	1	0	0	9	8	10.29		2.550	45	(投)2
25	8	2	5	0	2	0	0	8	6	9.00		2.440	23	(投)3
4021	1022	53	341	19	547	16	5	459	375	3.13		1.266		

〈記録の見どころ〉

球団初の・５００割れの5位。打撃成績は20位の三宅が最高の悪化した状況。若手が伸び悩み、山内も今ひとつ。世代交代の遅れがダイレクトに出る結果となった。投手陣の不足を補うべく、なんと朝鮮戦争で駐留していた在日米軍所属のＬ・カイリーとＣ・フッドをアルバイト選手として入団。フッドは25試合で5本塁打。本塁打率（打数÷本塁打）で比べると、チーム最高本塁打の三宅より高い。カイリーに関しては投手成績の6勝0敗もさることながら、打撃も19打数10安打・５２６の大活躍。大リーグの実力を見せつけた。

投手成績

背番号	選手名	登板	先発	完了	完投	完封	無四	勝利	敗戦	S	H	投球回	打者
11	荒巻 淳	50	16	27	8	1	3	17	14	5	0	248.0	962
12	榎原 好	35	25	5	7	4	0	13	8	0	0	163.0	671
13	野村 武史	30	16	8	2	0	2	3	9	1	1	122.0	505
15	宮崎 一夫	32	5	16	0	0	0	7	4	4	1	106.1	426
39	和田 功	20	14	2	3	0	0	5	4	1	0	89.1	378
41	山根 俊英	22	9	10	1	0	0	1	6	1	2	68.0	290
10	清水 宏員	23	3	11	1	1	0	1	2	0	0	65.0	279
61	和田 勇	15	9	4	0	0	0	1	5	0	0	51.1	224
21	末吉 俊信	11	8	1	2	0	0	1	4	1	0	46.2	214
50	L.カイリー	6	5	1	3	1	1	6	0	0	0	45.0	183
18	植村 義信	9	8	0	0	0	0	1	5	0	0	34.1	154
16	上野 重雄	3	1	2	0	0	0	0	0	0	0	9.2	43
51	滝 良彦	3	0	2	0	0	0	0	0	1	0	8	37
31	稲垣 定雄	3	0	2	0	0	0	0	0	0	0	8	31
33	若林 忠志	2	1	0	0	0	0	0	1	0	0	6.2	35
4·37	相沢 進	3	0	2	0	0	0	0	0	0	0	5.1	30
	チーム計	120	120	93	27	10	7	56	62	14	4	1076.2	4462

1950年組の衰えが見えてきたが、若林忠志が1000奪三振を達成するために（999個だった）現役復帰、1個の三振を奪うために1個の負け星と自責点8、防御率10・29を記録している。危うく通算防御率が2点台になるところだった。（1・97から1・99まで落ちた）。

(3位)

四球	敬遠	死球	三振	併打	妨害	失策	打率	順位	出塁率	長打率	OPS	年齢	守備
80	–	2	72	14	0	2	0.308	4	0.404	0.532	0.936	22	(外)140
52	–	2	36	10	0	15	0.293	8	0.366	0.484	0.850	29	(捕)130 (投)1
31	–	0	38	11	0	41	0.208	45	0.266	0.279	0.546	23	(三)119 (遊)2
41	–	0	23	9	0	0	0.270	18	0.342	0.366	0.708	24	(外)105
23	–	2	13	9	0	36	0.214	44	0.262	0.282	0.545	26	(遊)123 (三)10 (二)2
31	–	1	34	13	2	9	0.199	47	0.262	0.314	0.576	33	(一)74 (外)50
27	–	1	40	6	0	4	0.248		0.305	0.401	0.706	34	(外)100 (一)7
43	–	2	14	5	1	3	0.216		0.329	0.317	0.646	34	(一)97
23	–	4	24	2	0	13	0.189		0.265	0.250	0.515	36	(二)93 (三)1
10	–	1	40	9	0	19	0.186		0.226	0.256	0.481	20	(二)96 (遊)35 (三)1
6	–	1	24	3	0	3	0.204		0.240	0.272	0.512	25	(外)72
19	–	2	21	0	0	1	0.243		0.360	0.348	0.708	38	(外)59
5	–	0	12	0	0	3	0.257		0.292	0.327	0.619	28	(投)49 (外)1
11	–	0	10	4	0	7	0.241		0.327	0.322	0.648	19	(三)22 (遊)14 (二)1
3	–	1	7	0	0	4	0.197		0.243	0.212	0.455	21	(投)40
5	–	0	13	2	0	6	0.134		0.194	0.179	0.374	19	(投)46 (一)1
3	–	0	15	2	0	3	0.148		0.188	0.164	0.351	30	(投)31
6	–	0	7	2	0	5	0.254		0.323	0.288	0.611	31	(二)20 (三)9 (一)2 (外)1
9	–	0	3	5	0	1	0.288		0.393	0.365	0.759	24	(捕)15 (外)4
4	–	0	11	0	0	1	0.306		0.358	0.490	0.848	21	(外)14
10	–	0	11	0	0	0	0.077		0.333	0.077	0.410	38	(一)2 (捕)1
0	–	0	11	1	0	0	0.286		0.286	0.657	0.943	37	(一)2
1	–	0	0	1	1	0	0.188		0.212	0.188	0.400	21	(投)28
1	–	0	13	1	0	1	0.156		0.182	0.219	0.401	20	(投)29
1	–	0	6	3	0	1	0.242		0.265	0.242	0.507	19	(三)7 (二)4
2	–	0	10	1	0	0	0.207		0.258	0.207	0.465	22	(投)24 (外)2
1	–	1	4	2	0	2	0.267		0.313	0.333	0.646	19	(捕)7 (一)3
0	–	0	13	0	0	3	0.097		0.097	0.129	0.226	20	(一)12
0	–	0	2	0	0	0	0.500		0.500	0.500	1.000	27	(投)11 (二)1
1	–	0	0	0	0	0	0.250		0.333	0.250	0.583	26	(二)6 (投)3 (外)1
0	–	0	2	0	0	0	0.250		0.250	0.250	0.500	20	(投)14
0	–	0	2	0	0	0	0.250		0.250	0.500	0.750	20	(外)2 (三)1
0	–	0	1	0	0	2	0.333		0.333	0.500	0.833	19	(投)6
1	–	0	1	0	0	0	0.000		0.250	0.000	0.250	19	(遊)2
0	–	0	2	0	0	1	0.333		0.333	0.333	0.667	22	(外)3
1	–	0	1	0	0	0	0.000		0.333	0.000	0.333	20	(捕)1
0	–	0	0	0	0	0	0.000		0.000	0.000	0.000	18	(投)4
0	–	0	0	0	0	0	–		–	–	–	21	(投)1
451		20	536	115	4	186	0.236		0.310	0.348	0.658		

打撃成績

1954年　79勝57敗4分　.581　パ3位　監督別当薫　助監督呉昌征　観客動員数620,500人

背番号	選手名	試合	打席	打数	得点	安打	二塁打	三塁打	本塁打	塁打	打点	盗塁	盗刺	犠打	犠飛
8	山内 和弘	140	591	504	85	155	21	4	28	268	97	13	4	2	3
28	C.ルイス	130	531	471	61	138	31	7	15	228	90	7	2	0	6
2	小森 光生	121	436	390	40	81	15	5	1	109	35	14	10	10	5
22	荒川 博	116	422	374	45	101	21	0	5	137	25	6	1	5	2
3	北村 正司	126	419	379	36	81	12	4	2	107	28	6	6	14	1
27	三宅 宅三	122	414	376	47	75	10	3	9	118	45	26	10	1	3
25	別当 薫	108	370	339	51	84	15	2	11	136	45	34	6	3	0
5	西本 幸雄	107	319	268	35	58	8	5	3	85	15	10	9	5	0
24	本堂 保弥	96	302	264	17	50	7	0	3	66	24	0	1	9	2
7	島田 恒幸	123	231	215	19	40	2	2	3	55	19	3	3	5	0
9	栗木 孝幸	92	157	147	26	30	7	0	1	40	3	29	10	2	1
23	呉 昌征	89	138	115	16	28	5	2	1	40	10	8	2	0	2
11	荒巻 淳	54	107	101	10	26	5	1	0	33	12	0	0	1	0
39	有町 昌昭	37	102	87	11	21	7	0	0	28	12	0	1	1	3
17	和田 功	40	75	66	3	13	1	0	0	14	5	0	0	3	2
18	植村 義信	47	74	67	0	9	1	1	0	12	2	0	1	2	0
12	榎原 好	31	68	61	3	9	1	0	0	10	1	0	0	4	0
31	稲垣 定雄	43	65	59	5	15	2	0	0	17	8	0	0	0	0
4	沼沢 康一郎	43	61	52	9	15	1	0	1	19	4	3	0	0	0
1	橋本 力	17	53	49	10	15	3	0	2	24	7	1	3	0	0
20	片岡 博国	32	37	26	1	2	0	0	0	2	3	0	0	0	1
32	大館 勲夫	34	35	35	4	10	1	0	4	23	10	0	0	0	0
10	清水 宏員	28	35	32	2	6	0	0	0	6	0	0	0	1	0
16	和田 勇	29	34	32	1	5	0	1	0	7	0	0	0	1	0
40	飯山 平一	15	34	33	4	8	0	0	0	8	1	0	0	0	0
15	宮崎 一夫	26	33	29	1	6	0	0	0	6	1	0	0	2	0
19	佃 明忠	20	32	30	2	8	2	0	0	10	2	0	1	0	0
26	兵頭 冽	21	31	31	0	3	1	0	0	4	2	0	0	0	0
21	末吉 俊信	15	10	10	4	5	0	0	0	5	1	1	0	0	0
14	山根 俊英	12	9	8	1	2	0	0	0	2	1	1	0	0	0
33	杉尾 富美雄	14	8	8	0	2	0	0	0	2	1	0	0	0	0
47	水野 一	5	8	8	0	2	0	1	0	4	1	0	0	0	0
48	中川 隆	6	6	6	0	2	1	0	0	3	0	0	0	0	0
37	高橋 正雄	2	4	3	0	0	0	0	0	0	0	0	0	0	0
41	小田 喜美雄	4	3	3	1	1	0	0	0	1	0	0	0	0	0
29	鵜飼 昭雪	2	3	2	0	0	0	0	0	0	0	0	0	0	0
44	池田 啓一	4	1	1	0	0	0	0	0	0	0	0	0	0	0
46	藤川 哲郎	1	0	0	0	0	0	0	0	0	0	0	0	0	0
	チーム計	140	5258	4681	550	1106	180	38	89	1629	510	162	70	71	31

安打	本塁打	四球	死球	三振	暴投	ボーク	失点	自責点	防御率	順位	WHIP	年齢	守備
234	13	43	3	130	0	0	78	70	2.32	8	1.020	28	(投)49 (外)1
170	8	73	0	128	4	0	67	54	2.25	7	1.130	19	(投)46 (一)1
166	9	68	2	140	9	0	62	50	2.22		1.150	21	(投)40
151	12	72	2	123	0	0	63	53	2.56		1.200	30	(投)31
116	8	49	1	44	3	0	54	43	3.28		1.400	21	(投)28
75	7	51	2	71	2	1	43	36	2.95		1.150	20	(投)29
82	4	36	1	47	2	0	36	32	3.31		1.360	22	(投)24 (外)2
22	1	31	2	20	1	0	21	16	4.65		1.730	20	(投)14
28	2	15	0	7	1	0	15	9	2.89		1.570	27	(投)11 (二)1
20	0	8	1	13	1	0	10	7	3.15		1.400	19	(投)6
9	0	5	1	1	0	0	3	3	3.00		1.680	26	(二)6 (投)3 (外)1
7	0	7	0	1	1	0	7	4	5.14		2.100	18	(投)4
3	0	3	0	0	0	0	3	3	9.00		2.000	29	(捕)130 (投)1
2	0	3	0	0	0	0	5	4	-		-	21	(投)1
1085	64	464	15	725	24	1	467	384	2.69		1.205		

〈記録の見どころ〉

この年、パ・リーグは7球団から8球団に増え、高橋ユニオンズが新規加入。毎日からも野村武史、河内卓司などが移籍、結果的に急速な若返りになった。山内が打率4位と打点王になり、毎日の中心打者に成長。土井垣が東映に移籍（別当との関係が悪化との噂があった）し、急遽ハワイから外国人捕手のチャーリー・ルイスを獲得、これが大当たり。.293の90打点でベストナインに選ばれる。

守備力は全体的に悪化、守備の荒さは毎日の伝統か。

投手陣では植村投手が台頭。9勝15敗と負け越しながらも先発、リリーフと大車輪の活躍で、防御率

投手成績

背番号	選手名	登板	先発	完了	完投	完封	無四	勝利	敗戦	S	H	投球回	打者	打数
11	荒巻 淳	49	24	24	15	5	3	22	12	7	1	271.0	1068	1001
18	植村 義信	46	18	18	5	0	0	9	15	4	0	216.0	876	771
17	和田 功	40	24	11	7	1	0	16	7	3	0	202.2	818	733
12	榎原 好	31	27	1	8	4	0	11	7	1	0	185.1	766	667
10	清水 宏員	28	12	11	2	1	0	7	3	3	0	118.0	509	446
16	和田 勇	29	11	11	1	0	0	6	4	3	2	109.2	441	379
15	宮崎 一夫	24	12	7	1	0	0	5	4	1	0	87.0	370	326
33	杉尾 富美雄	14	2	7	0	0	0	0	2	0	0	30.2	139	102
21	末吉 俊信	11	5	5	0	0	0	1	2	0	0	27.1	126	105
48	中川 隆	6	1	3	1	1	0	1	0	0	0	20.0	84	75
14	山根 俊英	3	1	1	0	0	0	1	0	0	0	8.1	40	33
44	池田 啓一	4	1	1	0	0	0	0	0	0	0	6.2	35	25
28	C.ルイス	1	1	0	0	0	0	0	0	0	0	3	15	11
46	藤川 哲郎	1	1	0	0	0	0	0	1	0	0	0	5	2
	チーム計	140	140	100	40	20	6	79	57	22	3	1285.2	5292	4676

は22勝した荒巻（2・32）より良い2・25。先発上位3人は全て左腕なので、右腕の植村が安定している投球のため使われたようだが、上手く勝ち星に繋がっていないのが残念。荒巻が1950年以来の20勝以上の22勝12敗で大復活。

（3位）

犠飛	四球	敬遠	死球	三振	併打	妨害	失策	打率	順位	出塁率	長打率	OPS	年齢	守備
5	87	5	10	55	7	0	9	0.298	10	0.414	0.473	0.887	19	(一)139
5	81	2	5	60	17	2	6	0.325	2	0.426	0.563	0.989	23	(外)136
7	35	6	0	40	18	0	22	0.261	27	0.309	0.395	0.704	30	(捕)134
2	47	0	2	51	8	1	26	0.232	42	0.305	0.327	0.632	24	(三)118 (遊)15 (二)3
1	44	1	1	31	5	0	3	0.265	25	0.344	0.356	0.699	25	(外)106
0	17	0	6	45	5	0	28	0.228	43	0.274	0.306	0.580	21	(二)118 (遊)25 (三)1
4	27	1	0	28	9	1	4	0.276		0.339	0.510	0.849	34	(外)90 (一)7
1	23	4	0	15	3	0	4	0.276		0.340	0.397	0.737	35	(外)66 (一)2
1	22	0	5	33	3	0	23	0.200		0.297	0.241	0.538	20	(遊)81 (三)15 (二)7
0	10	1	2	14	6	0	8	0.212		0.255	0.250	0.505	37	(二)72
2	4	0	1	26	4	0	23	0.177		0.197	0.236	0.434	18	(遊)88
2	21	2	1	19	1	0	1	0.329		0.407	0.359	0.767	39	(外)76
1	12	0	0	18	2	0	1	0.204		0.291	0.245	0.536	25	(外)31 (捕)4 (三)2
0	6	0	0	20	0	0	3	0.171		0.232	0.197	0.429	29	(投)49
0	5	0	0	20	0	0	7	0.133		0.188	0.147	0.334	20	(投)49
0	11	0	0	11	0	0	3	0.188		0.300	0.232	0.532	22	(投)49
2	2	0	0	11	0	0	4	0.194		0.219	0.226	0.445	20	(投)50
2	5	0	0	10	1	0	2	0.235		0.288	0.294	0.582	25	(外)38
0	1	0	0	9	3	0	8	0.169		0.182	0.308	0.490	19	(三)25 (遊)5
0	1	0	0	10	2	0	1	0.234		0.250	0.383	0.633	20	(捕)16
2	5	0	0	3	0	0	0	0.167		0.286	0.200	0.486	35	(一)9
0	4	0	0	4	0	0	0	0.250		0.333	0.344	0.677	21	(外)13 (三)1
0	0	0	0	8	0	0	1	0.219		0.219	0.250	0.469	31	(投)26
0	0	0	0	0	0	0	0	0.152		0.152	0.152	0.303	27	(投)21
0	3	0	0	3	0	0	0	0.095		0.208	0.095	0.304	31	(捕)3
1	1	0	0	8	0	0	1	0.095		0.136	0.095	0.232	23	(投)30
0	1	0	1	4	1	0	–	0.263		0.333	0.316	0.649	38	–
0	0	0	0	3	0	1	0	0.222		0.222	0.333	0.556	18	(投)9
0	0	0	0	0	0	0	1	0.429		0.429	0.571	1.000	19	(二)1
0	0	0	0	1	0	0	2	0.429		0.429	0.429	0.857	19	(三)3
0	0	0	0	0	0	0	1	0.200		0.200	0.200	0.400	22	(投)20
0	0	0	0	3	0	0	0	0.000		0.000	0.000	0.000	20	(三)3
0	0	0	0	0	0	0	0	0.500		0.500	0.500	1.000	22	(外)2
0	0	0	0	1	0	0	0	0.000		0.000	0.000	0.000	21	(投)7
0	0	0	0	1	0	0	0	0.000		0.000	0.000	0.000	20	(投)4
0	0	0	0	0	0	0	0	–		–	–	–	19	(投)4
0	0	0	0	0	0	0	0	0.000		0.000	0.000	0.000	20	(投)1
0	0	0	0	0	0	0	0	–		–	–	–	20	(投)2
0	0	0	0	0	0	0	0	–		–	–	–	20	(遊)1
38	475	22	34	565	95	5	192	0.251		0.328	0.365	0.693		

打撃成績

1955年　85勝55敗2分　.607　パ3位　監督別当薫　助監督呉昌征　観客動員数 554,500人

背番号	選手名	試合	打席	打数	得点	安打	二塁打	三塁打	本塁打	塁打	打点	盗塁	盗刺	犠打
3	榎本 喜八	139	592	490	84	146	24	7	16	232	67	12	9	0
8	山内 和弘	137	585	492	87	160	31	4	26	277	99	12	5	0
28	C.ルイス	135	551	509	45	133	31	5	9	201	73	9	7	0
2	小森 光生	126	526	462	62	107	16	5	6	151	32	19	18	12
22	荒川 博久	116	424	374	46	99	21	2	3	133	34	2	3	4
7	島田 恒幸	132	390	360	38	82	10	6	2	110	28	14	9	7
27	三宅 宅三	114	319	286	41	79	14	4	15	146	46	18	6	1
25	別当 薫	73	265	239	35	66	15	1	4	95	24	9	9	2
9	有町 昌昭	96	225	195	17	39	5	0	1	47	18	0	0	2
24	本堂 保弥	78	223	208	10	44	5	0	1	52	10	3	0	3
6	岡田 守雄	88	216	203	13	36	8	2	0	48	6	4	1	6
23	呉 昌征	107	193	167	33	55	2	0	1	60	23	13	5	2
4	沼沢 康一郎	69	112	98	9	20	1	0	1	24	14	0	2	1
11	荒巻 淳	49	86	76	5	13	2	0	0	15	2	1	0	4
48	中川 隆	49	85	75	3	10	1	0	0	11	5	1	0	5
17	和田 功	49	82	69	9	13	3	0	0	16	3	0	0	2
18	植村 義信	50	75	62	7	12	0	1	0	14	5	0	0	9
57	萱原 一美	47	75	68	8	16	2	1	0	20	10	2	3	0
31	葛城 隆雄	34	66	65	5	11	3	0	2	20	5	0	2	0
19	佃 明忠	20	48	47	3	11	1	0	2	18	5	0	0	0
5	西本 幸雄	41	39	30	2	5	1	0	0	6	6	1	0	2
47	水野 一	23	36	32	4	8	3	0	0	11	3	1	1	0
12	榎原 好	26	33	32	2	7	1	0	0	8	2	0	0	1
14	山根 俊英	25	33	33	3	5	0	0	0	5	1	0	1	0
56	荒川 昇治	28	25	21	1	2	0	0	0	2	0	0	0	1
15	宮崎 一夫	30	24	21	0	2	0	0	0	2	2	0	0	1
30	大館 勲夫	21	21	19	1	5	1	0	0	6	1	0	0	0
35	伊藤 則旦	9	10	9	0	2	1	0	0	3	1	0	0	0
26	河井 学	4	7	7	0	3	1	0	0	4	0	1	0	0
53	柳瀬 文夫	3	7	7	0	3	0	0	0	3	1	0	0	0
10	清水 宏員	20	5	5	0	1	0	0	0	1	0	0	0	0
40	飯山 平一	7	4	4	0	0	0	0	0	0	0	0	0	0
1	橋本 力	3	2	2	0	1	0	0	0	1	0	0	0	0
16	和田 勇	7	1	1	0	0	0	0	0	0	0	0	0	0
36	数崎 博志	4	1	1	0	0	0	0	0	0	0	0	0	0
38	大工 勝	4	1	0	0	0	0	0	0	0	0	0	0	1
39	高橋 幸一	1	1	1	0	0	0	0	0	0	0	0	0	0
43	戸辺 孝康	2	0	0	0	0	0	0	0	0	0	0	0	0
37	高橋 正雄	1	0	0	0	0	0	0	0	0	0	0	0	0
	チーム計	142	5388	4770	573	1196	203	38	89	1742	526	122	81	66

打数	安打	本塁打	四球	死球	三振	暴投	ボーク	失点	自責点	防御率	順位	WHIP	年齢	守備
892	203	13	59	0	130	3	0	70	64	2.35	8	1.070	29	(投)49
824	171	6	84	1	145	2	1	78	53	2.08	1	1.110	20	(投)49
807	183	6	63	1	170	2	0	68	55	2.24	5	1.120	22	(投)49
813	196	5	61	0	146	9	0	71	52	2.13	2	1.170	20	(投)50
364	85	7	38	2	63	2	0	42	36	3.31		1.260	31	(投)26
337	79	2	19	1	24	3	0	31	24	2.37		1.080	27	(投)21
293	78	4	17	0	46	1	0	28	19	2.19		1.230	23	(投)30
165	44	3	19	0	13	3	0	28	19	3.98		1.480	22	(投)20
127	28	3	6	0	15	0	0	14	12	3.09		0.970	18	(投)9
40	14	0	2	0	6	1	0	7	6	6.00		1.780	20	(投)4
33	11	0	8	0	2	0	0	6	6	6.00		2.280	21	(投)7
37	14	0	2	0	4	0	0	4	4	4.50		2.000	19	(投)4
13	5	0	2	0	2	0	0	1	1	3.00		2.330	20	(投)2
12	5	0	0	2	0	0	0	2	1	4.50		2.500	20	(投)1
4757	1116	49	380	7	766	26	1	450	352	2.46		1.161		

〈記録の見どころ〉

安打製造機・榎本喜八が高卒で入団、即レギュラーとして139試合出場・298で荒巻以来の新人王。山内は安定の・325、26本塁打、99打点（打点王）のパ・リーグを代表する打者に成長。西鉄の中西太とともに打撃タイトル争いの常連となる。ベテランと若手のバランスが良い感じの戦力だが、守備率がリーグワースト2位のお粗末さが、3位に甘んじることになった原因かもしれない。

17勝以上が4人いるが、守備力がアップしていれば2人くらいは20勝投手が生まれていた可能性もある。2年目の中川が荒巻以来の最優秀防御率

投手成績

背番号	選手名	登板	先発	完了	完投	完封	無四	勝利	敗戦	S	H	投球回	打者
11	荒巻 淳	49	19	23	11	1	2	18	12	7	1	245.0	972
48	中川 隆	49	20	21	7	5	1	18	11	7	1	229.0	925
17	和田 功	49	28	12	7	1	0	18	6	5	1	220.1	885
18	植村 義信	50	23	16	5	1	3	17	10	3	1	220.0	900
12	榎原 好	26	15	4	1	1	0	4	5	2	1	98.0	411
14	山根 俊英	21	13	4	1	1	0	3	5	2	0	91.0	364
15	宮崎 一夫	30	10	8	0	0	0	4	1	0	0	77.1	318
10	清水 宏員	20	4	14	0	0	0	1	2	0	0	42.2	188
35	伊藤 則旦	9	4	1	0	0	0	2	1	0	0	35.0	137
36	藪崎 博志	4	1	2	0	0	0	0	0	0	1	9.0	43
16	和田 勇	7	2	2	0	0	0	0	0	0	0	8.1	43
38	大工 勝	4	1	3	0	0	0	0	0	0	0	8.0	39
43	戸辺 孝康	2	1	0	0	0	0	0	1	0	0	3.0	15
39	高橋 幸一	1	1	0	0	0	0	0	1	0	0	2.0	14
	チーム計	142	142	110	32	17	9	85	55	26	6	1288.2	5254

のタイトル。荒巻、中川、和田功、植村と、継投の毎日らしく粒ぞろいの投手陣だけに守備力アップの補強が足りないのが残念だ。

四球	敬遠	死球	三振	併打	妨害	失策	打率	順位	出塁率	長打率	OPS	年齢	守備
95	6	4	41	14	0	10	0.282	9	0.396	0.454	0.851	20	(一)152
92	17	4	48	15	0	2	0.304	3	0.416	0.564	0.980	24	(外)147
18	3	3	52	14	0	51	0.250	22	0.280	0.398	0.678	20	(遊)135 (三)6 (二)1
36	0	2	70	3	0	30	0.229	32	0.287	0.359	0.646	25	(三)118 (二)3
18	0	0	51	13	0	26	0.242		0.277	0.301	0.578	19	(二)104 (三)24 (遊)12
46	0	2	7	13	0	3	0.210		0.313	0.273	0.586	26	(外)102
28	0	1	27	5	0	2	0.274		0.343	0.464	0.807	35	(外)91 (一)6
18	0	3	41	4	0	6	0.207		0.264	0.313	0.576	23	(外)101
22	0	2	51	2	0	9	0.198		0.278	0.396	0.674	21	(捕)68
15	0	0	30	4	0	4	0.178		0.236	0.208	0.444	26	(捕)48 (外)17 (三)1
16	0	0	43	1	0	5	0.223		0.295	0.312	0.607	23	(外)52 (三)7
5	1	1	27	5	0	3	0.171		0.211	0.265	0.476	21	(外)47
9	0	0	17	6	0	7	0.220		0.280	0.248	0.527	22	(二)56
5	0	0	17	1	0	3	0.135		0.178	0.135	0.314	22	(捕)52
4	0	0	14	0	0	4	0.262		0.295	0.274	0.569	30	(投)56
10	0	0	15	3	0	1	0.159		0.250	0.183	0.433	40	(外)36
9	0	0	15	1	0	2	0.275		0.348	0.338	0.686	36	(外)31 (一)2
5	0	1	7	4	0	10	0.268		0.318	0.305	0.623	19	(三)19 (遊)17 (二)4
8	0	1	17	3	0	14	0.200		0.286	0.240	0.526	20	(二)38 (三)3 (遊)2 (投)1
8	0	0	6	3	0	1	0.269		0.347	0.284	0.630	38	(二)27
2	0	0	10	2	0	6	0.149		0.174	0.179	0.353	21	(投)58
7	0	0	8	2	0	2	0.167		0.262	0.185	0.447	23	(投)60
4	0	0	13	2	0	2	0.125		0.192	0.125	0.317	21	(投)44
5	0	0	14	0	0	5	0.136		0.224	0.159	0.384	21	(投)40
2	0	0	11	3	0	1	0.211		0.250	0.237	0.487	23	(捕)39
0	0	0	8	1	0	0	0.257		0.257	0.314	0.571	28	(投)33 (二)1
2	0	0	13	1	0	2	0.161		0.212	0.226	0.438	23	(投)37
1	0	1	1	0	0	1	0.125		0.192	0.125	0.317	22	(外)18
0	0	1	1	0	0	0	0.357		0.400	0.357	0.757	23	(二)7
0	0	0	5	0	0	0	0.000		0.000	0.000	0.000	37	(投)14
0	0	0	2	0	1	1	0.167		0.167	0.167	0.333	19	(投)13
0	0	0	1	0	0	0	0.333		0.333	0.333	0.667	19	(投)5
0	0	0	2	0	0	-	0.333		0.333	0.333	0.667	19	-
0	0	0	0	0	0	0	0.000		0.000	0.000	0.000	23	(投)5
0	0	0	1	0	0	0	0.000		0.000	0.000	0.000	22	(投)5
0	0	0	0	0	0	0	0.000		0.000	0.000	0.000	19	(投)2
0	0	0	0	0	0	0	0.000		0.000	0.000	0.000	21	(投)1
0	0	0	1	0	0	0	0.000		0.000	0.000	0.000	20	(捕)1
0	0	0	0	0	0	0	-		-	-	-	24	(投)2
0	0	0	0	0	0	0	-		-	-	-	20	(投)2
0	0	0	0	0	0	0	-		-	-	-	-	(捕)1
490	27	26	687	125	1	213	0.234		0.310	0.351	0.661		

打撃成績

1956年　84勝66敗4分　.558　パ4位　監督別当薫　助監督呉昌征　観客動員数 628,100人 (2位)

背番号	選手名	試合	打席	打数	得点	安打	二塁打	三塁打	本塁打	塁打	打点	盗塁	盗刺	犠打	犠飛
3	榎本 喜八	152	631	524	74	148	29	8	15	238	66	4	12	2	6
8	山内 和弘	147	601	500	86	152	47	4	25	282	72	16	8	1	4
5	葛城 隆雄	142	542	512	52	128	25	6	13	204	64	6	7	5	4
2	小森 光生	122	519	463	62	106	16	4	12	166	34	12	16	16	2
31	須藤 豊	133	399	372	23	90	13	3	1	112	22	8	5	9	0
22	荒川 博久	122	370	319	27	67	16	2	0	87	35	2	1	2	1
27	三宅 宅三	110	313	274	35	75	19	6	7	127	37	2	8	5	5
28	鈴木 正	114	301	275	30	57	6	4	5	86	29	5	7	4	1
20	佃 明忠	70	245	217	25	43	8	1	11	86	25	4	5	3	1
4	沼沢 康一郎	90	217	197	16	35	1	1	1	41	13	3	1	5	0
1	橋本 力	73	175	157	19	35	0	1	4	49	15	6	2	2	0
24・35	大竹 仁	74	125	117	4	20	8	0	1	31	11	0	2	2	0
7	島田 恒幸	64	120	109	9	24	3	0	0	27	6	2	3	2	0
29	鵜飼 昭雷	53	102	96	6	13	0	0	0	13	1	0	0	1	0
11	荒巻 淳	58	95	84	5	22	1	0	0	23	7	1	1	7	0
23	呉 昌征	72	94	82	6	13	2	0	0	15	4	1	2	2	0
25	別当 薫	50	93	80	9	22	5	0	0	27	10	4	5	1	3
6	岡田 守雄	41	88	82	7	22	1	1	0	25	4	0	0	0	0
44	池田 啓一	48	87	75	6	15	3	0	0	18	3	1	3	3	0
30	本堂 保弥	46	78	67	5	18	1	0	0	19	8	0	1	2	1
18	植村 義信	58	75	67	4	10	0	1	0	12	4	0	0	6	0
17	和田 功	61	66	54	2	9	1	0	0	10	1	0	0	5	0
21	中川 隆	44	54	48	1	6	0	0	0	6	2	0	0	2	0
12	中西 勝己	41	52	44	3	6	1	0	0	7	1	0	1	3	0
33	山本 格也	39	41	38	2	8	1	0	0	9	2	0	0	1	0
14	山根 俊英	40	37	35	4	9	2	0	0	11	7	0	2	2	0
19	小野 正一	37	33	31	1	5	2	0	0	7	0	1	0	0	0
47	水野 一	29	27	24	3	3	0	0	0	3	2	0	1	0	1
9	橋本 基	8	15	14	2	5	0	0	0	5	2	0	0	0	0
13	野村 武史	14	11	11	0	0	0	0	0	0	0	0	0	0	0
35・15	伊藤 則旦	13	7	6	1	1	0	0	0	1	0	0	0	0	0
32	若生 智男	5	3	3	1	1	0	0	0	1	0	0	0	0	0
51	黒田 幸夫	3	3	3	0	1	0	0	0	1	0	0	0	0	0
10	清水 宏員	5	2	2	0	0	0	0	0	0	0	0	0	0	0
16	和田 勇	5	1	1	0	0	0	0	0	0	0	0	0	0	0
53	長平良 功	2	1	1	0	0	0	0	0	0	0	0	0	0	0
56	松本 春男	1	1	1	0	0	0	0	0	0	0	0	0	0	0
59	武藤 輝明	1	1	1	0	0	0	0	0	0	0	0	0	0	0
41	服部 武夫	2	0	0	0	0	0	0	0	0	0	0	0	0	0
38	大工 勝	2	0	0	0	0	0	0	0	0	0	0	0	0	0
52	功刀 義幸	1	0	0	0	0	0	0	0	0	0	0	0	0	0
	チーム計	154	5625	4986	530	1169	211	42	95	1749	487	78	93	93	29

打数	安打	本塁打	四球	死球	三振	暴投	ボーク	失点	自責点	防御率	順位	WHIP	年齢	守備
950	202	7	46	3	123	2	0	72	62	2.12	8	0.940	30	(投)56
867	191	10	37	0	161	5	0	75	52	2.01	7	0.980	21	(投)58
777	187	13	59	2	118	2	0	70	60	2.55		1.160	23	(投)60
593	119	3	90	3	107	6	0	59	39	2.09		1.250	21	(投)40
579	149	6	54	5	68	3	1	68	52	3.02		1.310	21	(投)44
422	106	4	31	4	62	1	0	45	35	2.74		1.190	23	(投)37
412	103	2	28	3	36	0	0	26	18	1.42		1.150	28	(投)33 (二)1
171	43	6	5	0	9	0	0	19	18	3.60		1.070	37	(投)14
127	26	2	13	1	14	2	0	12	10	2.50		1.090	19	(投)13
48	11	1	2	0	9	1	0	6	6	3.86		0.980	19	(投)5
32	11	1	2	0	3	0	0	7	4	4.50		1.630	23	(投)5
23	3	0	6	0	5	0	0	5	3	3.86		1.290	22	(投)5
17	3	1	1	0	4	0	0	1	1	1.80		0.800	19	(投)2
17	7	0	2	0	5	0	0	7	5	11.25		2.250	21	(投)1
7	3	0	1	0	0	0	0	3	2	9.00		3.000	20	(投)2
3	1	0	2	0	1	0	0	1	1	9.00		3.000	24	(投)2
6	2	0	0	0	0	0	0	1	0	0.00		2.000	20	(二)38 (三)3 (遊)2 (投)1
5051	1167	56	379	21	725	22	1	477	368	2.40		1.121		

〈記録の見どころ〉

この年に1960年大毎で優勝する際の主力選手が揃ってくる。榎本、山内に葛城隆雄、須藤豊等だ。葛城はいきなり遊撃のレギュラーとなり長打力を発揮したが、失策数が51とあまりにも荒い。それでも毎日は打線センスを優先、これも良い悪いではなく毎日の伝統なのかもしれない。

二桁本塁打を打った選手が5人いるが、注目は佃明忠捕手。6年間の現役生活で22本の本塁打を打っているが、その半分をこの年に打っている。ルイス退団のあとレギュラーかと思われたが、翌年ライバルの入団で1958年近鉄に移籍した。

投手成績

背番号	選手名	登板	先発	完了	完投	完封	無四	勝利	敗戦	S	H	投球回	打者
11	荒巻 淳	56	20	29	11	2	5	24	16	7	0	263.0	1028
18	植村 義信	58	21	17	6	4	3	19	5	2	3	232.2	925
17	和田 功	60	24	19	2	1	0	14	17	5	2	211.1	856
12	中西 勝己	40	27	9	5	5	0	8	11	3	0	167.2	709
21	中川 隆	44	16	7	2	2	0	7	7	1	2	155.0	665
19	小野 正一	37	16	14	0	0	0	4	1	1	0	114.2	470
14	山根 俊英	33	15	11	2	0	0	6	5	1	2	113.2	452
13	野村 武史	14	6	5	0	0	0	1	2	0	0	45.0	180
35・15	伊藤 則旦	13	4	6	1	0	0	1	1	0	0	35.2	145
32	若生 智男	5	1	3	0	0	0	0	1	0	0	13.1	53
10	清水 宏員	5	1	1	0	0	0	0	0	0	0	8.0	37
16	和田 勇	5	2	3	0	0	0	0	0	0	0	7.0	29
53	長平良 功	2	1	0	0	0	0	0	0	0	0	5.0	18
56	松本 春男	1	0	0	0	0	0	0	0	0	0	4.0	20
38	大工 勝	2	0	0	0	0	0	0	0	0	0	1.1	8
41	服部 武夫	2	0	0	0	0	0	0	0	0	0	1.0	6
44	池田 啓一	1	0	1	0	0	0	0	0	0	0	1.0	6
	チーム計	154	154	125	29	25	18	84	66	20	9	1379.1	5607

投手陣は荒巻が24勝、植村19勝、和田功14勝と安定感が増し、未来の左腕エース小野正一がデビュー。毎日は左腕投手のエースが誕生する土壌なのもおもしろい。

四球	敬遠	死球	三振	併打	妨害	失策	打率	順位	出塁率	長打率	OPS	年齢	守備
37	2	2	53	17	0	38	0.267	16	0.322	0.443	0.765	21	(三)126 (遊)5 (外)2
68	2	5	46	10	0	5	0.269	15	0.372	0.406	0.778	21	(一)128
73	8	1	44	13	0	8	0.331	1	0.428	0.621	1.049	25	(外)125
29	1	2	85	4	0	4	0.221	26	0.279	0.314	0.593	23	(外)117
29	0	0	43	8	0	28	0.278	11	0.331	0.362	0.693	20	(二)106 (遊)1
29	0	1	37	3	0	7	0.258		0.324	0.359	0.684	26	(二)38 (外)37 (三)10 (一)5
16	2	1	49	6	0	14	0.228		0.270	0.315	0.585	19	(捕)111
23	0	5	60	4	0	4	0.235		0.316	0.370	0.686	24	(外)106 (一)1 (三)1
27	1	1	18	7	0	3	0.249		0.328	0.321	0.649	27	(外)74
15	0	1	33	1	0	24	0.161		0.218	0.202	0.419	23	(遊)82 (二)4
11	0	0	32	1	0	19	0.191		0.239	0.260	0.499	23	(遊)75
12	0	4	26	2	0	9	0.248		0.331	0.295	0.626	22	(捕)43
8	0	0	44	2	0	4	0.082		0.151	0.092	0.243	24	(投)55
9	0	0	15	1	0	2	0.227		0.320	0.303	0.623	27	(捕)20 (外)9
4	0	0	22	0	0	1	0.113		0.167	0.145	0.312	22	(投)36
4	0	0	4	1	0	2	0.091		0.153	0.109	0.262	31	(投)46
3	0	0	12	1	0	0	0.128		0.180	0.149	0.329	22	(投)47
9	0	0	7	0	0	0	0.293		0.420	0.366	0.786	41	(外)21
2	0	0	4	0	0	1	0.200		0.238	0.325	0.563	36	(一)8 (外)5
2	0	0	5	1	0	7	0.188		0.235	0.281	0.517	20	(遊)20
2	0	0	4	0	0	0	0.222		0.276	0.259	0.535	24	(投)29 (一)1
2	0	0	3	0	0	0	0.000		0.125	0.000	0.125	23	(投)28
0	0	0	2	1	0	0	0.294		0.294	0.294	0.588	24	(外)9
0	0	0	4	0	0	0	0.067		0.067	0.067	0.133	29	(投)24
2	0	0	3	1	0	0	0.154		0.267	0.154	0.421	22	(外)5
0	0	0	7	0	0	0	0.000		0.000	0.000	0.000	20	(投)19
0	0	0	3	0	0	0	0.000		0.000	0.000	0.000	22	(投)17
1	0	0	4	0	0	0	0.000		0.200	0.000	0.200	22	(二)4
0	0	0	1	0	0	0	0.000		0.000	0.000	0.000	25	(投)6
0	0	0	1	1	0	-	0.000		0.000	0.000	0.000	37	-
1	0	0	0	0	0	-	0.000		0.333	0.000	0.333	39	-
0	0	0	0	0	0	2	0.000		0.000	0.000	0.000	21	(三)1 (遊)1
0	0	0	1	1	0	0	0.000		0.000	0.000	0.000	24	(投)8 (二)1 (外)1
1	0	0	1	0	0	0	0.000		0.500	0.000	0.500	20	(投)4
0	0	0	0	0	0	0	1.000		1.000	1.000	2.000	18	(捕)1
0	0	0	0	0	0	0	-		-	-	-	20	(外)1
0	0	0	0	0	0	0	-		-	-	-	18	(投)1
419	16	23	673	86	0	182	0.239		0.316	0.355	0.670		

打撃成績

1957年　75勝52敗5分　.587　パ3位　監督別当薫　助監督呉昌征　観客動員数 588,250人（3位）

背番号	選手名	試合	打席	打数	得点	安打	二塁打	三塁打	本塁打	塁打	打点	盗塁	盗刺	犠打	犠飛
5	葛城 隆雄	129	531	483	55	129	25	6	16	214	91	11	5	4	5
3	榎本 喜八	128	531	446	68	120	22	6	9	181	50	4	9	5	7
8	山内 和弘	126	518	435	85	144	27	6	29	270	81	10	6	0	9
23	衆樹 資宏	122	425	385	32	85	7	4	7	121	38	10	11	5	4
31	須藤 豊	110	409	370	42	103	16	6	1	134	34	3	6	6	4
2	小森 光生	96	340	306	40	79	13	3	4	110	20	12	11	2	2
24	醍醐 猛夫	113	322	298	20	68	8	3	4	94	23	0	1	6	1
21	橋本 力	119	267	238	29	56	11	3	5	88	18	17	9	1	0
22	荒川 博	95	266	237	20	59	11	0	2	76	7	1	1	1	0
7	中野 健一	91	246	223	15	36	4	1	1	45	14	19	6	6	1
1	平井 嘉明	83	190	173	18	33	6	3	0	45	13	15	10	5	1
20	佃 明忠	65	146	129	7	32	3	0	1	38	10	1	2	1	0
19	小野 正一	55	111	98	2	8	1	0	0	9	4	0	0	5	0
4	沼沢 康一郎	46	79	66	10	15	3	1	0	20	8	2	0	2	2
12	中西 勝己	36	69	62	5	7	2	0	0	9	5	0	0	2	1
11	荒巻 淳	46	61	55	2	5	1	0	0	6	1	0	0	2	0
18	植村 義信	47	55	47	1	6	1	0	0	7	0	1	0	5	0
53	呉 昌征	43	51	41	11	12	1	1	0	15	3	1	1	1	0
27	三宅 宅三	33	42	40	6	8	2	0	1	13	4	2	0	0	0
6	岡田 守雄	23	34	32	2	6	1	1	0	9	0	1	0	0	0
17	和田 功	30	32	27	2	6	1	0	0	7	2	0	0	3	0
15	江崎 照雄	28	18	14	1	0	0	0	0	0	1	0	0	2	0
28	鈴木 正	11	17	17	1	5	0	0	0	5	0	0	0	0	0
14	山根 俊英	24	15	15	0	1	0	0	0	1	0	0	0	0	0
35	大竹 仁	12	15	13	0	2	0	0	0	2	1	0	0	0	0
32	若生 智男	19	12	11	1	0	0	0	0	0	0	0	0	1	0
48	中川 隆	17	8	8	0	0	0	0	0	0	0	0	0	0	0
26	田切 勝之	10	5	4	2	0	0	0	0	0	1	0	0	0	0
41	服部 武夫	6	4	3	0	0	0	0	0	0	0	0	0	1	0
50	別当 薫	4	3	3	0	0	0	0	0	0	0	0	0	0	0
54	本堂 保弥	3	3	2	0	0	0	0	0	0	0	0	0	0	0
39	池田 啓一	2	3	3	0	0	0	0	0	0	0	0	0	0	0
10	清水 宏員	10	2	2	0	0	0	0	0	0	0	0	0	0	0
40	向井 嘉久蔵	4	2	1	0	0	0	0	0	0	0	0	0	0	0
57	福塚 勝哉	1	2	2	0	2	0	0	0	2	0	0	0	0	0
49	長平良 功	1	0	0	0	0	0	0	0	0	0	0	0	0	0
47	梅野 慶志	1	0	0	0	0	0	0	0	0	0	0	0	0	0
	チーム計	132	4834	4289	477	1027	166	44	80	1521	429	110	78	66	37

安打	本塁打	四球	死球	三振	暴投	ボーク	失点	自責点	防御率	順位	WHIP	年齢	守備
202	12	90	5	245	2	0	73	57	1.73	2	0.990	24	(投)55
157	7	55	4	102	3	0	61	39	1.91		1.150	22	(投)36
152	18	43	7	124	6	0	70	58	2.84		1.060	22	(投)47
142	8	41	1	87	1	0	64	42	2.15		1.040	31	(投)46
87	10	19	0	39	2	0	49	39	4.13		1.250	24	(投)29 (一)1
56	3	36	2	38	0	0	26	26	3.25		1.280	23	(投)28
44	4	17	2	29	0	0	27	19	3.17		1.130	29	(投)24
44	3	20	2	39	2	1	23	16	2.67		1.190	20	(投)19
45	2	12	1	19	1	1	18	12	2.92		1.540	22	(投)17
9	1	10	2	7	0	0	10	4	2.12		1.160	25	(投)6
19	4	5	0	4	0	1	9	8	4.80		1.670	24	(投)8 (二)1 (タ)1
4	0	7	0	2	0	0	3	2	2.25		1.380	20	(投)4
3	0	0	0	1	0	0	2	2	18.00		3.000	18	(投)1
964	72	355	26	736	17	3	435	324	2.47		1.117		

〈記録の見どころ〉

毎日最後の年は捕手三つ巴の年。佃と沼沢の争いにその後のオリオンズの捕手としてホームを守る醍醐猛夫が入団。新人の醍醐が2人を抑えてレギュラーとなった。そして同じルーキーの衆樹資宏が入団。122試合出場し活躍が期待されたが、1960年に阪急に移籍し主軸として活躍した。葛城は相変わらず失策も多いが、それを帳消しにするかのように山内を超える91打点の猛アピール。榎本が新人の煌めきが色あせ、成績も下がり気味。山内が・331で初の首位打者に輝いた。

この頃は西鉄・稲尾に代表される大エースの時代前夜。各球団大エースが先発、リリーフと大車輪の活躍

投手成績

背番号	選手名	登板	先発	完了	完投	完封	無四	勝利	敗戦	S	H	投球回	打者	打数
19	小野 正一	55	32	19	15	7	0	26	9	6	0	296.1	1159	1044
12	中西 勝己	36	29	4	7	1	1	13	4	2	0	183.2	751	682
18	植村 義信	47	21	14	4	0	1	8	16	2	1	183.1	744	674
11	荒巻 淳	46	21	15	6	2	3	15	11	3	3	175.2	707	656
17	和田 功	29	9	4	0	0	0	3	3	1	0	85.0	356	328
15	江崎 照雄	28	4	11	2	1	0	3	1	0	1	72.0	290	245
14	山根 俊英	24	5	9	1	0	0	3	4	2	0	54.0	221	198
32	若生 智男	19	5	4	0	0	0	3	1	0	0	53.2	226	201
48	中川 隆	17	3	5	0	0	0	1	1	1	0	37.0	168	152
41	服部 武夫	6	2	2	0	0	0	0	2	0	0	16.1	72	58
10	清水 宏員	8	1	6	0	0	0	0	0	0	1	14.1	65	58
40	向井 嘉久蔵	4	0	3	0	0	0	0	0	0	0	8.0	34	27
47	梅野 慶志	1	0	1	0	0	0	0	0	0	0	1.0	6	5
	チーム計	132	132	97	35	18	9	75	52	17	6	1180.1	4799	4328

をしていくが、毎日からは左腕の小野正一が台頭。球団初の２００奪三振（２４５個）、左腕から繰り出す速球を武器に渡り合った。

この年の別当監督は何かに憑りつかれたように新人を起用したが、その中に背番号１の遊撃手・平井嘉明がいる。守備の荒い葛城を三塁に回し、平井を遊撃手に起用して守備の要にしようとしたが、打力がついてゆかなかった。平井は通算成績９７１打席で本塁打０の記録を残した。毎日のDNAを受け継ぐ千葉ロッテマリーンズの岡田幸文《よしふみ》が、デビュー以来本塁打０の記録が続き、最終的に２５０１打席、本塁打０で２０１８年に引退となった。奇妙な縁でおもしろい。

7月2日	○	野村武	5	4	阪急	日生	本堂
7月5日	○	荒巻	4	3	大映	後楽園	戸倉
7月7日	○	榎原	8	6	近鉄	後楽園	別当
7月9日	○	荒巻	5	1	南海	後楽園	
7月10日	●	上野	4	9	東急	長岡	若林
7月14日	●	荒巻	1	5	西鉄	上井草	
7月16日	○	榎原	19	3	西鉄	福島信夫ヶ丘	別当3.土井垣
7月18日	●	佐藤	5	10	南海	函館市民	長島
7月20日	○	野村武	4	2	大映	旭川市営	土井垣.小田野
7月21日	○	荒巻	9	7	大映	上砂川	
7月22日	●	榎原	6	7	西鉄	札幌円山	本堂
7月23日	●	若林	1	6	南海	札幌円山	
7月25日	○	荒巻	5	3	大映	小樽	別当
7月26日	○	若林	7	2	大映	夕張鹿谷	
7月29日	●	荒巻	3	5	大映	帯広市営	
7月30日	△	榎原	9	9	大映	釧路市営	別当2.土井垣.本堂
8月1日	○	佐藤	18	5	大映	弘前市営	佐藤.別当2.片岡.若林
8月4日	●	野村武	5	7	東急	上井草	別当
8月11日	○	佐藤	8	4	阪急	山形市営	
8月11日	○	榎原	3	2	近鉄	山形市営	
8月13日	○	野村武	12	2	阪急	秋田手形	別当.大館
8月15日	●	若林	2	15	阪急	横浜平和	別当
8月16日	△	榎原	6	6	近鉄	後楽園	三宅
8月17日	○	野村武	5	3	大映	後楽園	伊藤
8月18日	○	荒巻	4	3	近鉄	後楽園	別当.呉
8月21日	●	榎原	6	7	近鉄	後楽園	西本
8月23日	○	野村武	7	0	東急	豊橋	
8月24日	●	荒巻	5	6	東急	富州原	
8月25日	●	榎原	9	11	東急	宇治山田山田	呉.別当
8月26日	○	榎原	4	0	近鉄	藤井寺	
8月27日	●	上野	4	14	東急	藤井寺	
8月30日	○	荒巻	2	0	近鉄	日生	
9月2日	●	若林	7	8	近鉄	日生	呉
9月6日	○	野村武	10	3	阪急	西宮	河内
9月7日	△	荒巻	2	2	西鉄	西宮	
9月9日	○	榎原	5	4	西鉄	春日原	奥田
9月10日	○	荒巻	11	1	西鉄	春日原	土井垣.別当.河内.呉.伊藤
9月12日	○	野村武	3	1	西鉄	広島総合	
9月21日	●	荒巻	0	1	南海	大阪	
9月23日	○	荒巻	6	5	南海	神宮	別当
9月30日	●	上野	8	9	東急	後楽園	土井垣
10月1日	●	荒巻	4	5	大映	後楽園	戸倉
10月7日	○	榎原	5	4	東急	銚子	
10月8日	○	上野	3	0	阪急	昭和町	
10月14日	○	若林	9	1	西鉄	後楽園	別当.本堂
10月15日	○	荒巻	4	2	南海	後楽園	土井垣2
10月17日	●	榎原	1	4	南海	大阪	
10月19日	○	佐藤	6	5	西鉄	倉敷市営	
10月21日	●	野村武	1	10	阪急	西宮	
10月22日	△	荒巻	3	3	阪急	西宮	戸倉
10月25日	○	榎原	4	2	東急	後楽園	別当
10月28日	○	星野	3	2	大映	後楽園	
10月29日	○	若林	8	2	東急	後楽園	別当
11月1日	○	荒巻	6	5	南海	大阪	戸倉.別当
11月3日	●	榎原	4	20	南海	大阪	土井垣.大館
11月4日	○	野村武	4	1	阪急	西宮	別当
11月5日	○	上野	9	2	阪急	西宮	
11月12日	○	若林	3	0	近鉄	藤井寺	
11月13日	○	上野	5	4	近鉄	大阪	別当.伊藤.戸倉
11月14日	○	佐藤	13	3	近鉄	大阪	戸倉2.伊藤
11月15日	●	荒巻	1	6	東急	大阪	

全試合・全本塁打

毎日オリオンズ　81勝34敗5分（1位）

1950年試合日	勝敗	責任投手	毎日得点	相手得点	対戦チーム	球場名	本塁打打者
3月11日	○	榎原	9	1	西鉄	西宮	戸倉
3月12日	○	野村武	6	2	近鉄	藤井寺	
3月15日	○	荒巻	10	8	南海	大須	別当.土井垣.河内.本堂
3月16日	●	榎原	9	13	阪急	大須	別当.戸倉.片岡
3月18日	○	上野	2	1	近鉄	後楽園	戸倉
3月19日	○	野村武	6	5	大映	後楽園	片岡.本堂
3月20日	○	荒巻	6	3	西鉄	後楽園	県
3月21日	○	佐藤	13	3	東急	保土ヶ谷	本堂2.別当
3月29日	○	榎原	10	2	近鉄	後楽園	土井垣.戸倉.榎原
3月30日	●	祖父江	4	10	東急	後楽園	
3月31日	●	佐藤	0	6	近鉄	後楽園	
4月2日	○	荒巻	4	2	近鉄	後楽園	
4月3日	○	榎原	12	2	東急	後楽園	戸倉2
4月8日	○	野村武	6	4	阪急	県営大宮	土井垣
4月9日	○	荒巻	7	2	阪急	高崎城南	別当
4月10日	○	榎原	11	8	阪急	宇都宮総合	戸倉.土井垣
4月12日	○	上野	5	0	東急	後楽園	土井垣
4月14日	○	荒巻	4	0	西鉄	後楽園	
4月15日	○	榎原	11	3	東急	後楽園	河内.別当
4月16日	●	野村武	1	7	西鉄	後楽園	
4月17日	●	星野	2	9	阪急	後楽園	
4月19日	○	上野	5	0	阪急	西宮	別当
4月20日	○	野村武	16	5	近鉄	西宮	戸倉.別当
4月22日	○	榎原	8	4	大映	西宮	
4月23日	○	荒巻	3	0	南海	西宮	
4月24日	●	佐藤	0	4	大映	西宮	
4月26日	●	野村武	1	5	南海	後楽園	
4月27日	●	上野	2	4	大映	後楽園	
4月28日	●	荒巻	2	11	南海	後楽園	
4月29日	○	佐藤	11	3	東急	後楽園	戸倉
4月30日	△	荒巻	3	3	南海	後楽園	
5月1日	●	上野	6	8	大映	後楽園	戸倉
5月3日	○	荒巻	4	2	大映	盛岡市営	別当
5月5日	○	野村武	3	1	大映	県営宮城	
5月5日	○	荒巻	2	1	南海	県営宮城	別当
5月7日	●	上野	6	9	南海	福島信夫ヶ丘	別当
5月12日	○	荒巻	4	3	西鉄	後楽園	別当
5月13日	○	野村武	11	3	大映	後楽園	別当.河内
5月14日	○	荒巻	3	2	南海	後楽園	
5月15日	○	佐藤	4	0	西鉄	後楽園	
5月17日	○	荒巻	4	2	近鉄	藤井寺	県
5月18日	○	野村武	14	3	阪急	藤井寺	別当.本堂
5月21日	○	榎原	10	1	西鉄	小倉豊楽園	別当
5月23日	○	荒巻	9	3	西鉄	大分県営	土井垣.片岡
5月25日	○	上野	4	1	西鉄	下関市営	
5月27日	○	荒巻	8	5	南海	小倉豊楽園	別当
5月28日	○	野村武	9	2	西鉄	平和台	
5月31日	○	佐藤	23	11	東急	市川国府台	上野.戸倉
6月1日	○	榎原	6	5	東急	昭和町	戸倉.本堂
6月3日	○	野村武	8	6	東急	高田公園	土井垣.本堂
6月4日	○	荒巻	10	3	阪急	新潟白山	県.別当2.戸倉2.野村輝
6月15日	●	荒巻	4	5	大映	西宮	
6月16日	●	佐藤	3	5	阪急	西宮	本堂.別当
6月18日	○	榎原	3	2	近鉄	岐阜県営	
6月21日	○	野村武	4	3	阪急	広島総合	
6月24日	○	荒巻	2	0	南海	衣笠	
6月25日	●	榎原	0	1	近鉄	衣笠	
6月29日	○	荒巻	8	7	西鉄	松江	別当
7月1日	○	佐藤	9	6	南海	日生	別当2

6月24日	○	佐藤	22	8	東急	盛岡市営	伊藤
6月27日	●	野村武	1	4	西鉄	大須	
6月29日	○	佐藤	4	2	阪急	大阪	
7月11日	●	野村武	2	3	阪急	後楽園	
7月16日	●	佐藤	8	9	西鉄	後楽園	河内.大館
7月18日	●	野村武	0	1	南海	大阪	
7月20日	○	榎原	7	3	近鉄	金沢兼六園	
7月21日	●	荒巻	7	8	大映	福井市営	別当2
7月22日	○	佐藤	7	1	近鉄	県営富山	
7月22日	●	榎原	3	5	大映	県営富山	
7月24日	○	荒巻	5	4	近鉄	後楽園	三宅
7月25日	●	榎原	3	5	東急	後楽園	
7月26日	○	野村武	7	4	近鉄	後楽園	別当
7月27日	○	山根	3	2	大映	後楽園	
7月28日	○	北川	13	2	東急	後楽園	三宅.別当.野村輝
7月29日	●	若林	3	9	大映	後楽園	
7月31日	●	荒巻	7	8	東急	浜松市営	三宅.別当
8月2日	○	荒巻	4	3	阪急	大須	
8月4日	○	野村武	7	6	阪急	大阪	
8月5日	△	野村武	3	3	南海	大阪	
8月9日	○	佐藤	8	2	阪急	長崎大橋	
8月11日	○	山根	5	1	阪急	佐世保	
8月12日	●	荒巻	3	6	阪急	唐津舞鶴	
8月14日	△	山根	4	4	阪急	門司	
8月15日	●	星野	3	12	近鉄	平和台	
8月15日	●	山根	3	9	南海	平和台	
8月16日	●	野村武	7	8	西鉄	春日原	伊藤.片岡
8月18日	○	榎原	7	2	大映	武蔵野	伊藤.本堂
8月19日	○	野村武	3	0	西鉄	武蔵野	伊藤
8月24日	○	山根	4	3	大映	後楽園	
8月25日	△	上野	3	3	西鉄	後楽園	呉
8月26日	○	山根	2	0	東急	後楽園	
8月29日	○	上野	4	2	大映	挙母	
8月31日	○	榎原	5	4	近鉄	大阪	
9月1日	●	野村武	2	4	南海	大阪	
9月2日	○	上野	6	1	阪急	大阪	別当
9月4日	●	荒巻	7	9	西鉄	後楽園	土井垣
9月6日	○	浅井	8	3	西鉄	後楽園	河内
9月7日	●	山根	0	4	南海	後楽園	
9月8日	●	佐藤	5	7	南海	後楽園	
9月9日	●	野村武	5	6	南海	後楽園	伊藤
9月11日	○	北川	8	2	近鉄	西宮	
9月14日	○	榎原	5	1	西鉄	小倉豊楽園	
9月15日	●	荒巻	2	12	西鉄	平和台	
9月16日	●	野村武	2	3	西鉄	春日原	
9月18日	○	北川	4	0	近鉄	奈良橿原	大館
9月19日	●	星野	0	3	近鉄	三重交通山田	
9月23日	○	野村武	3	0	大映	後楽園	
9月24日	●	榎原	7	14	西鉄	後楽園	土井垣2.西本.河内
9月27日	●	若林	2	5	大映	大阪	
9月28日	○	上野	4	1	阪急	西宮	
9月29日	●	北川	1	5	近鉄	大阪	
10月2日	●	野村武	2	3	大映	後楽園	
10月3日	●	榎原	3	9	阪急	後楽園	別当
10月4日	●	上野	4	8	東急	後楽園	
10月6日	△	野村武	4	4	東急	後楽園	土井垣
10月7日	△	上野	5	5	西鉄	後楽園	

全試合・全本塁打

毎日オリオンズ　54勝51敗5分（3位）

1951年試合日	勝敗	責任投手	毎日得点	相手得点	対戦チーム	球場名	本塁打打者
4月5日	●	星野	3	5	東急	後楽園	奥田
4月6日	●	佐藤	1	6	大映	後楽園	三宅
4月8日	○	上野	8	3	大映	後楽園	別当
4月10日	○	星野	1	0	近鉄	大阪	
4月12日	○	野村武	3	2	近鉄	大阪	北川
4月13日	●	荒巻	4	5	南海	大阪	
4月14日	●	上野	2	4	南海	大阪	
4月15日	●	山根	3	4	南海	大阪	
4月17日	○	佐藤	7	1	西鉄	福知山	別当
4月17日	○	野村武	5	4	阪急	福知山	
4月20日	○	上野	5	1	西鉄	八幡大谷	
4月21日	●	山根	2	3	西鉄	平和台	
4月22日	●	若林	1	7	西鉄	春日原	
4月24日	○	上野	2	0	大映	西宮	
4月25日	○	野村武	5	4	阪急	西宮	別当
4月26日	●	佐藤	1	2	西鉄	西宮	
4月27日	●	上野	0	13	阪急	西宮	
4月28日	●	榎原	0	8	近鉄	藤井寺	
5月1日	○	荒巻	5	4	阪急	後楽園	三宅
5月2日	●	上野	5	12	阪急	後楽園	本堂,三宅2
5月3日	○	荒巻	2	1	南海	後楽園	
5月4日	○	榎原	10	6	阪急	後楽園	
5月5日	○	野村武	5	1	南海	後楽園	
5月6日	●	若林	1	6	南海	後楽園	
5月10日	○	野村武	8	5	東急	下諏訪	伊藤,土井垣,本堂
5月11日	●	上野	2	5	大映	伊那町営	
5月12日	●	荒巻	4	11	東急	県営松本	
5月13日	●	佐藤	3	11	東急	長野城山	別当
5月13日	○	野村武	11	7	大映	長野城山	呉,西本,土井垣
5月15日	●	荒巻	1	3	南海	大須	別当
5月16日	●	野村武	1	4	南海	大阪	
5月18日	○	佐藤	2	0	近鉄	大阪	
5月19日	●	榎原	4	6	近鉄	大阪	
5月19日	○	荒巻	8	1	南海	大阪	別当
5月20日	●	野村武	1	4	南海	大阪	三宅
5月22日	○	荒巻	7	2	近鉄	西宮	別当
5月23日	●	北川	4	6	阪急	西宮	片岡
5月25日	○	野村武	12	0	東急	西宮	
5月26日	○	荒巻	6	3	南海	藤井寺	別当
5月29日	●	野村武	3	6	大映	後楽園	土井垣
5月30日	○	荒巻	6	0	大映	後楽園	
6月1日	○	野村武	6	0	東急	後楽園	
6月2日	○	佐藤	2	0	東急	後楽園	
6月3日	○	星野	11	1	東急	後楽園	
6月5日	○	榎原	7	1	近鉄	四日市	
6月8日	○	荒巻	2	1	大映	大阪	土井垣
6月9日	○	野村武	3	2	西鉄	大阪	
6月10日	●	榎原	0	4	東急	西宮	
6月10日	○	荒巻	7	5	阪急	西宮	
6月14日	○	佐藤	3	0	西鉄	函館市民	
6月16日	●	野村武	2	4	西鉄	旭川市営	
6月18日	○	佐藤	4	3	東急	札幌円山	伊藤,呉
6月20日	●	星野	5	11	東急	室蘭富士	別当

6月28日	○	榎原	9	3	近鉄	川崎	三宅
6月28日	●	末吉	3	10	近鉄	川崎	長谷川
6月29日	●	和田勇	4	6	大映	川崎	三宅.伊藤
6月29日	●	山根	2	4	大映	川崎	大館
7月12日	○	宮崎	4	2	近鉄	藤井寺	
7月12日	○	山根	4	1	近鉄	藤井寺	三宅.土井垣
7月13日	○	上野	10	2	近鉄	藤井寺	
7月15日	○	荒巻	4	1	西鉄	平和台	
7月15日	○	宮崎	5	4	西鉄	平和台	別当
7月17日	●	末吉	1	6	西鉄	小倉豊楽園	
7月19日	●	山根	0	6	南海	大阪	
7月20日	●	野村武	1	5	南海	大阪	土井垣
7月21日	●	野村武	3	6	南海	大阪	
7月23日	○	山根	7	6	大映	伊東	別当
7月24日	○	荒巻	8	1	大映	静岡草薙	別当
7月25日	○	野村武	6	4	大映	横浜平和	
7月26日	○	宮崎	5	3	西鉄	土浦市営	
7月27日	○	上野	4	2	西鉄	川崎	本堂
7月27日	●	荒巻	3	5	西鉄	川崎	
7月30日	○	末吉	4	2	東急	後楽園	
7月31日	●	榎原	1	2	東急	後楽園	
8月2日	○	上野	13	4	阪急	高崎城南	別当.三宅.山内
8月2日	○	山根	4	1	阪急	高崎城南	
8月3日	○	野村武	9	3	阪急	太田東山	土井垣
8月3日	○	荒巻	7	3	阪急	太田東山	
8月13日	○	宮崎	6	5	近鉄	後楽園	
8月14日	○	和田勇	5	0	近鉄	後楽園	
8月15日	○	荒巻	4	3	大映	後楽園	河内
8月16日	○	上野	8	1	大映	後楽園	土井垣
8月17日	○	野村武	4	2	大映	後楽園	三宅
8月19日	●	和田勇	7	10	大映	上山田	別当2
8月23日	●	野村武	0	3	東急	新発田	
8月27日	○	末吉	4	1	東急	後楽園	三宅
8月27日	●	山根	6	9	西鉄	後楽園	土井垣
8月29日	○	荒巻	2	0	大映	後楽園	
8月30日	●	稲垣	0	4	大映	後楽園	
8月30日	○	榎原	2	1	大映	後楽園	
8月31日	○	宮崎	3	0	大映	川崎	別当
9月3日	●	荒巻	0	1	南海	大阪	
9月5日	○	和田勇	8	0	近鉄	大阪	本堂
9月5日	○	榎原	5	2	近鉄	大阪	
9月7日	●	宮崎	0	9	西鉄	平和台	
9月7日	●	上野	2	5	西鉄	平和台	
9月10日	○	上野	4	3	近鉄	後楽園	本堂
9月10日	●	荒巻	1	11	南海	後楽園	
9月11日	○	榎原	3	0	大映	千葉公園	
9月13日	○	野村武	6	4	東急	会津若松	三宅2
9月14日	●	山根	2	4	東急	宇都宮総合	
9月14日	●	榎原	1	6	東急	宇都宮総合	
9月16日	○	野村武	5	1	東急	川崎	呉.土井垣
9月22日	○	上野	2	0	大映	後楽園	
9月23日	○	山根	4	1	大映	後楽園	伊藤.本堂
9月23日	○	清水	8	3	大映	後楽園	
9月25日	○	荒巻	6	5	西鉄	後楽園	別当
9月26日	○	上野	6	3	西鉄	後楽園	本堂
9月27日	○	野村武	7	2	南海	後楽園	土井垣
9月28日	●	宮崎	1	4	南海	後楽園	土井垣
10月2日	●	上野	0	3	西鉄	呉二河	
10月3日	○	榎原	9	1	西鉄	倉敷市営	
10月4日	○	野村武	5	0	南海	大阪	
10月5日	○	荒巻	2	1	南海	大阪	土井垣.三宅
10月8日	○	山根	5	2	大映	大阪	土井垣

全試合・全本塁打

毎日オリオンズ　75勝45敗0分（2位）

1952年試合日	勝敗	責任投手	毎日得点	相手得点	対戦チーム	球場名	本塁打打者
3月22日	○	野村武	6	5	阪急	西宮	
3月23日	○	山根	11	1	阪急	西宮	
3月23日	○	上野	3	0	阪急	西宮	
3月25日	○	末吉	14	4	東急	後楽園	土井垣.大館
3月26日	○	榎原	8	0	東急	後楽園	別当
3月27日	○	上野	6	5	東急	後楽園	
3月29日	○	野村武	9	1	南海	後楽園	伊藤
3月30日	●	末吉	3	7	南海	後楽園	別当
4月5日	○	野村武	4	1	東急	静岡草薙	別当
4月6日	○	山根	11	6	東急	沼津市営	
4月12日	○	上野	5	3	阪急	川崎	
4月13日	●	守田	6	19	阪急	川崎	三宅.大館
4月16日	●	野村武	0	1	西鉄	川崎	
4月17日	○	上野	12	6	西鉄	川崎	三宅
4月22日	●	野村武	0	5	東急	後楽園	
4月23日	●	山根	4	6	東急	後楽園	伊藤
4月27日	○	末吉	10	0	近鉄	藤井寺	三宅
4月27日	○	和田勇	11	5	近鉄	藤井寺	伊藤2
4月29日	●	野村武	4	5	西鉄	平和台	
4月30日	○	上野	5	4	西鉄	平和台	三宅
5月1日	○	野村武	3	1	西鉄	小倉豊楽園	三宅
5月3日	○	山根	3	2	南海	大阪	
5月5日	○	上野	3	2	南海	大阪	
5月7日	○	守田	3	2	阪急	後楽園	
5月8日	○	和田勇	10	9	阪急	後楽園	別当2
5月9日	●	榎原	3	7	阪急	後楽園	伊藤
5月11日	●	上野	2	7	南海	後楽園	三宅
5月11日	○	野村武	4	0	南海	後楽園	
5月14日	●	荒巻	2	7	東急	川崎	守田
5月15日	●	野村武	6	7	東急	川崎	別当
5月16日	○	榎原	6	2	東急	川崎	別当
5月17日	○	山根	7	6	大映	川崎	別当.三宅
5月21日	●	上野	2	6	近鉄	川崎	別当
5月21日	○	榎原	7	2	近鉄	川崎	本堂.土井垣
5月22日	○	山根	5	4	近鉄	川崎	
5月22日	●	荒巻	4	8	近鉄	川崎	
5月25日	○	末吉	5	3	近鉄	大阪	
5月25日	○	野村武	5	4	近鉄	大阪	長谷川
6月3日	●	山根	3	4	南海	大阪	
6月4日	●	末吉	3	4	南海	大阪	別当.三宅
6月5日	●	上野	3	4	南海	大阪	
6月7日	○	末吉	2	1	西鉄	小倉豊楽園	
6月10日	○	上野	10	1	阪急	西宮	
6月11日	○	野村武	10	2	阪急	西宮	
6月12日	○	山根	5	4	阪急	西宮	
6月14日	●	榎原	4	9	大映	川崎	三宅
6月15日	○	野村武	3	2	大映	川崎	土井垣
6月15日	○	山根	3	0	大映	川崎	
6月17日	●	野村武	0	6	南海	後楽園	
6月18日	●	末吉	3	7	南海	後楽園	
6月19日	○	野村武	5	4	南海	後楽園	
6月20日	●	末吉	7	8	南海	後楽園	
6月21日	○	守田	6	1	西鉄	後楽園	
6月22日	●	榎原	4	5	西鉄	後楽園	
6月22日	●	荒巻	1	3	西鉄	後楽園	
6月24日	●	上野	5	8	阪急	西宮	
6月25日	●	野村武	0	1	阪急	西宮	
6月26日	●	和田勇	1	2	阪急	西宮	大館

7月22日	○	山根	2	1	近鉄	後楽園	
7月24日	●	和田勇	0	3	南海	後楽園	
7月25日	●	山根	6	10	南海	後楽園	
7月26日	●	荒巻	4	8	南海	後楽園	
7月28日	●	山根	1	10	阪急	西宮	
7月29日	●	末吉	0	2	阪急	西宮	
7月30日	○	榎原	5	0	近鉄	大阪	山内
8月1日	●	和田功	0	12	大映	川崎	
8月2日	●	末吉	5	9	大映	川崎	和田勇
8月5日	○	荒巻	14	0	南海	大阪	山内2.荒川
8月5日	●	榎原	3	4	南海	大阪	
8月8日	○	カイリー	10	8	西鉄	県営甲府	山内.北村.三宅
8月9日	●	荒巻	0	4	西鉄	茨城県営	
8月11日	○	カイリー	3	2	東急	後楽園	
8月12日	○	野村武	3	2	東急	後楽園	三宅
8月13日	●	末吉	2	3	東急	後楽園	
8月16日	○	カイリー	6	4	阪急	浜松市営	大館
8月18日	○	榎原	4	2	西鉄	岡山	
8月20日	○	野村武	8	2	南海	大阪	
8月21日	●	荒巻	1	2	阪急	西宮	
8月22日	○	カイリー	7	6	阪急	西宮	
8月23日	●	山根	2	3	阪急	西宮	三宅
8月25日	○	榎原	6	4	西鉄	平和台	三宅
8月26日	●	清水	0	5	西鉄	平和台	
8月28日	●	野村武	2	8	近鉄	大阪	山内
8月28日	○	カイリー	4	1	近鉄	大阪	
8月30日	○	カイリー	2	0	東急	西京極	
8月30日	●	荒巻	1	3	東急	西京極	
9月2日	●	榎原	1	3	東急	後楽園	
9月2日	○	宮崎	7	5	東急	後楽園	
9月3日	●	末吉	2	4	大映	後楽園	
9月3日	●	和田功	0	4	大映	後楽園	
9月4日	○	榎原	4	2	大映	川崎	
9月6日	○	和田功	12	1	近鉄	大阪	フッド3
9月6日	○	荒巻	7	1	近鉄	大阪	
9月8日	○	榎原	6	4	西鉄	平和台	
9月9日	●	野村武	1	5	西鉄	小倉豊楽園	
9月10日	●	荒巻	0	7	西鉄	平和台	
9月12日	○	榎原	1	0	近鉄	大阪	三宅
9月12日	○	和田功	9	2	近鉄	大阪	土井垣
9月13日	●	荒巻	2	3	南海	大阪	山内
9月15日	○	宮崎	6	3	近鉄	後楽園	
9月15日	○	荒巻	6	5	近鉄	後楽園	
9月17日	○	植村	6	2	近鉄	後楽園	フッド.別当
9月19日	●	和田功	1	4	南海	後楽園	
9月20日	●	榎原	2	4	南海	後楽園	
9月20日	●	野村武	5	6	南海	後楽園	土井垣
9月22日	●	山根	2	4	大映	横浜平和	土井垣
9月27日	●	榎原	1	9	西鉄	川崎	
9月27日	○	荒巻	5	4	西鉄	川崎	
9月28日	●	野村武	1	4	西鉄	駒澤	
9月28日	●	宮崎	8	9	西鉄	駒澤	
9月29日	●	榎原	2	6	阪急	後楽園	
9月29日	●	植村	2	3	阪急	後楽園	
10月1日	○	宮崎	5	2	近鉄	大阪	三宅2
10月2日	●	荒巻	3	4	南海	大阪	土井垣
10月4日	●	若林	2	8	東急	駒澤	
10月4日	△	榎原	6	6	東急	駒澤	フッド
10月6日	●	荒巻	4	5	阪急	西宮	三宅
10月7日	○	榎原	3	2	東急	大阪	三宅.本堂
10月8日	○	清水	11	0	大映	大阪	
10月8日	○	荒巻	4	1	大映	大阪	本堂

全試合・全本塁打

毎日オリオンズ　56勝62敗2分（5位）

1953年試合日	勝敗	責任投手	毎日得点	相手得点	対戦チーム	球場名	本塁打打者
3月21日	●	野村武	0	5	南海	後楽園	
3月22日	△	山根	2	2	大映	後楽園	別当
3月23日	●	榎原	4	6	東急	後楽園	別当2
3月26日	○	荒巻	5	0	大映	後楽園	栗木
3月30日	○	荒巻	2	1	東急	川崎	
3月31日	○	荒巻	6	4	阪急	後楽園	
4月1日	●	植村	5	9	阪急	後楽園	
4月2日	○	荒巻	8	4	阪急	後楽園	
4月7日	○	荒巻	3	0	西鉄	別府市営	
4月8日	○	榎原	8	0	西鉄	小倉豊楽園	本堂
4月9日	●	山根	4	5	西鉄	平和台	栗木
4月11日	○	荒巻	5	2	南海	大阪	
4月12日	○	宮崎	3	2	南海	大阪	
4月14日	●	和田勇	4	10	大映	後楽園	
4月15日	●	荒巻	0	1	大映	後楽園	
4月18日	●	宮崎	1	13	西鉄	後楽園	三宅
4月19日	○	荒巻	5	4	西鉄	後楽園	
4月21日	○	宮崎	2	0	東急	高崎城南	
4月22日	○	和田勇	13	6	東急	桐生新川	別当,本堂2,土井垣,三宅
4月25日	○	荒巻	5	1	大映	福島信夫ヶ丘	
4月26日	○	榎原	5	2	大映	山形市営	本堂,別当
4月29日	●	和田勇	1	3	近鉄	藤井寺	
4月29日	○	野村武	3	1	近鉄	藤井寺	
5月2日	●	荒巻	0	2	西鉄	平和台	
5月3日	●	榎原	1	3	西鉄	平和台	
5月5日	●	植村	1	4	阪急	西宮	
5月5日	●	荒巻	2	8	阪急	西宮	
5月6日	●	和田勇	2	4	阪急	西宮	土井垣
5月9日	○	荒巻	10	3	東急	飯田今宮	別当
5月10日	●	植村	2	4	東急	松本市営	
5月14日	○	宮崎	3	1	南海	大阪	
5月19日	○	榎原	4	1	大映	秋田手形	
5月19日	●	野村武	3	6	大映	秋田手形	
5月24日	●	荒巻	6	7	大映	西京極	
5月24日	○	宮崎	7	6	大映	西京極	別当
5月26日	○	榎原	3	1	阪急	後楽園	
5月27日	●	荒巻	2	3	阪急	後楽園	
5月28日	○	和田功	10	2	阪急	後楽園	三宅,別当
5月30日	●	宮崎	3	6	南海	後楽園	
5月31日	●	榎原	2	3	南海	後楽園	三宅,別当
6月2日	●	植村	1	2	東急	熊谷市営	
6月2日	○	和田功	3	2	東急	熊谷市営	
6月3日	●	野村武	1	4	東急	川越初雁	栗木
6月6日	●	宮崎	3	4	西鉄	西宮	
6月10日	○	榎原	2	1	近鉄	金沢兼六園	
6月11日	○	末吉	6	4	近鉄	県営富山	三宅
6月16日	○	荒巻	3	2	近鉄	中日	
6月17日	●	野村武	1	6	近鉄	中日	
6月17日	●	和田功	1	11	近鉄	中日	
6月25日	○	荒巻	11	1	東急	後楽園	山内
6月26日	○	榎原	6	0	大映	後楽園	
6月27日	○	和田功	4	1	大映	後楽園	
7月13日	●	荒巻	4	6	南海	大阪	
7月14日	●	山根	7	8	南海	大阪	別当
7月15日	●	和田勇	5	6	南海	大阪	
7月16日	●	野村武	1	3	阪急	西宮	
7月17日	●	清水	1	2	阪急	西宮	
7月21日	○	荒巻	2	1	近鉄	後楽園	

7月9日	○	荒巻	6	0	大映	川崎	
7月13日	○	和田功	2	1	東映	後楽園	
7月14日	○	榎原	6	2	東映	後楽園	
7月16日	○	和田功	3	0	東映	後楽園	
7月16日	●	清水	4	5	東映	後楽園	山内
7月17日	○	荒巻	8	3	南海	後楽園	
7月18日	○	植村	4	3	南海	後楽園	山内
7月18日	○	荒巻	8	7	南海	後楽園	
7月20日	○	植村	4	2	高橋	川崎	荒川
7月21日	○	和田功	3	1	高橋	川崎	西本,山内
7月22日	●	榎原	0	2	高橋	川崎	
7月23日	●	宮崎	1	9	西鉄	川崎	
7月25日	○	荒巻	4	3	西鉄	茨城県営	
7月26日	●	榎原	1	2	西鉄	後楽園	
7月27日	●	和田功	6	10	近鉄	宇都宮総合	
7月29日	○	末吉	5	4	近鉄	浜松市営	山内
7月31日	○	荒巻	2	0	南海	大阪	
8月1日	●	植村	2	5	南海	大阪	
8月3日	●	和田功	0	3	西鉄	平和台	
8月4日	●	榎原	1	4	西鉄	平和台	
8月5日	●	荒巻	4	8	西鉄	平和台	
8月7日	●	清水	3	5	阪急	西宮	
8月8日	●	荒巻	2	4	阪急	西宮	
8月12日	○	和田功	6	4	高橋	県営大宮	
8月13日	●	荒巻	5	6	高橋	川崎	ルイス
8月14日	○	和田功	5	3	東映	後楽園	
8月15日	○	植村	4	3	阪急	後楽園	山内
8月19日	○	清水	1	0	南海	大阪	
8月21日	○	荒巻	2	0	近鉄	中日	ルイス
8月22日	△	清水	1	1	近鉄	中日	
8月23日	●	末吉	2	6	近鉄	大阪	山内
8月26日	●	荒巻	0	3	近鉄	市川国府台	
8月28日	○	和田功	14	11	東映	駒澤	
8月29日	●	杉屋	2	4	東映	駒澤	
8月30日	○	植村	3	2	西鉄	後楽園	大館,山内
8月31日	○	榎原	4	3	西鉄	後楽園	
9月1日	●	植村	1	2	西鉄	川崎	
9月4日	●	植村	4	5	大映	福井市営	三宅
9月5日	●	荒巻	1	3	大映	県営富山	
9月8日	●	植村	3	6	東映	後楽園	別当
9月8日	○	宮崎	4	1	東映	後楽園	
9月9日	○	榎原	3	2	東映	後楽園	北村
9月11日	●	植村	3	9	阪急	西宮	
9月14日	●	植村	2	3	西鉄	平和台	
9月15日	●	荒巻	2	4	西鉄	平和台	荒川
9月19日	●	植村	4	5	南海	大阪	三宅,山内
9月21日	●	宮崎	1	4	大映	後楽園	ルイス
9月22日	○	荒巻	3	2	大映	後楽園	
9月23日	○	榎原	1	0	大映	後楽園	山内
9月26日	○	和田功	4	1	近鉄	大阪	
9月29日	●	植村	3	11	近鉄	県営大宮	荒川,山内
9月30日	○	荒巻	1	0	大映	川越初雁	
9月30日	○	清水	4	0	大映	川越初雁	別当
10月5日	○	植村	4	3	近鉄	後楽園	
10月6日	●	荒巻	0	2	大映	後楽園	
10月6日	○	榎原	3	0	大映	後楽園	山内
10月9日	○	荒巻	4	3	南海	後楽園	北村,西本,ルイス
10月10日	○	清水	3	0	南海	後楽園	別当
10月13日	●	植村	1	2	大映	川崎	
10月13日	○	和田功	6	5	大映	川崎	山内,別当
10月16日	○	荒巻	11	0	近鉄	甲府総合	橋本,山内
10月16日	●	植村	5	7	近鉄	甲府総合	沼沢
10月17日	●	榎原	2	4	高橋	川崎	
10月21日	○	宮崎	12	2	阪急	明石公園	島田,大館
10月22日	○	清水	17	8	阪急	神戸市民	別当
10月22日	○	榎原	7	1	阪急	神戸市民	
10月24日	●	杉屋	2	5	南海	大阪	
10月25日	○	宮崎	7	5	近鉄	大阪	山内,橋本
10月27日	○	中川	3	0	大映	川崎	
10月29日	●	藤川	1	11	高橋	川崎	
10月29日	○	山根	6	0	高橋	川崎	

全試合・全本塁打

毎日オリオンズ　79勝57敗4分（3位）

1954年試合日	勝敗	責任投手	毎日得点	相手得点	対戦チーム	球場名	本塁打打者
3月27日	●	清水	1	5	南海	大阪	山内
3月28日	●	和田勇	2	6	南海	大阪	山内
3月29日	●	荒巻	2	3	南海	大阪	
3月30日	●	榎原	1	2	大映	西京極	
3月31日	●	末吉	0	4	大映	西京極	
4月3日	○	荒巻	6	2	高橋	浜松市営	ルイス
4月4日	●	榎原	5	6	高橋	静岡草薙	
4月4日	○	清水	11	4	高橋	静岡草薙	ルイス.山内
4月7日	○	和田勇	5	2	南海	後楽園	栗木.本堂
4月8日	○	清水	5	4	南海	後楽園	ルイス
4月9日	○	植村	11	3	高橋	川崎	三宅.山内
4月10日	○	荒巻	3	2	阪急	後楽園	小森
4月11日	●	榎原	6	7	阪急	後楽園	
4月11日	○	清水	4	3	阪急	後楽園	
4月13日	○	和田功	6	2	近鉄	中日	三宅.山内
4月14日	○	荒巻	7	5	近鉄	中日	
4月15日	●	宮崎	2	5	近鉄	中日	
4月17日	△	荒巻	4	4	西鉄	金沢兼六園	三宅
4月20日	●	荒巻	4	8	南海	西京極	
4月23日	○	和田功	3	1	東映	川崎	山内
4月24日	○	植村	5	1	高橋	川崎	呉
4月25日	○	和田勇	4	2	高橋	川崎	ルイス
4月25日	○	榎原	3	1	高橋	川崎	三宅
4月27日	○	荒巻	3	1	近鉄	大阪	
4月28日	○	和田功	2	1	近鉄	藤井寺	本堂
5月1日	●	和田勇	0	2	南海	大阪	
5月2日	○	和田功	4	3	南海	大阪	
5月5日	○	荒巻	6	4	西鉄	平和台	山内
5月5日	△	和田功	4	4	西鉄	平和台	
5月6日	○	和田勇	7	5	西鉄	平和台	三宅
5月8日	○	植村	3	2	阪急	西宮	別当
5月11日	○	和田勇	8	4	阪急	飯田今宮	大館
5月12日	○	和田功	8	6	阪急	下諏訪	ルイス.山内2.大館
5月13日	●	植村	2	5	阪急	県営甲府	
5月15日	○	和田功	3	0	東映	市川国府台	
5月16日	○	和田勇	1	0	東映	沼津市営	
5月16日	●	植村	2	3	東映	沼津市営	別当
5月18日	●	荒巻	0	2	西鉄	後楽園	
5月19日	●	和田勇	1	3	西鉄	後楽園	
5月20日	○	荒巻	8	5	西鉄	後楽園	島田.山内
5月23日	○	宮崎	4	3	南海	後楽園	
5月23日	●	植村	0	2	南海	後楽園	
5月25日	○	荒巻	5	1	東映	駒澤	三宅
5月26日	○	榎原	3	0	東映	駒澤	
5月27日	○	和田功	4	3	東映	駒澤	
5月29日	○	宮崎	4	1	大映	八戸長根	
5月30日	△	植村	0	0	大映	青森市営	
5月30日	○	荒巻	12	2	大映	青森市営	
5月31日	●	和田勇	3	9	大映	弘前市営	山内.ルイス
6月3日	●	和田功	3	7	大映	福島信夫ヶ丘	
6月5日	○	荒巻	9	4	東映	後楽園	荒川.山内
6月8日	○	榎原	12	4	近鉄	桐生新川	ルイス.島田
6月9日	●	植村	2	3	近鉄	熊谷市営	別当
6月10日	●	和田功	2	4	近鉄	市川国府台	荒川
6月12日	○	植村	5	2	阪急	長野城山	別当2.ルイス
6月13日	○	荒巻	5	4	阪急	県営松本	山内
6月13日	○	和田勇	12	2	阪急	県営松本	本堂.山内.ルイス
6月15日	○	和田功	4	3	高橋	川崎	三宅
6月16日	○	荒巻	2	0	高橋	川崎	
6月17日	●	植村	1	2	高橋	川崎	
6月23日	●	荒巻	3	12	西鉄	平和台	
6月24日	●	和田功	1	5	西鉄	平和台	
6月26日	●	宮崎	1	4	阪急	西宮	ルイス
6月27日	○	荒巻	7	0	阪急	西宮	
6月27日	○	榎原	3	0	阪急	西宮	
7月1日	●	荒巻	2	4	東映	後楽園	西本
7月1日	●	和田功	2	3	東映	後楽園	ルイス
7月6日	●	和田功	5	6	高橋	川崎	
7月7日	○	榎原	6	0	高橋	川崎	別当

7月14日	○	宮崎	2	0	南海	後楽園	
7月16日	●	中川	2	3	西鉄	後楽園	榎本
7月17日	○	荒巻	6	5	西鉄	後楽園	榎本.島田.呉
7月20日	○	和田功	5	0	大映	川崎	
7月21日	○	植村	1	0	大映	川崎	
7月23日	○	荒巻	7	4	近鉄	駒澤	沼沢
7月24日	○	和田功	7	4	近鉄	駒澤	山内
7月24日	●	中川	3	4	近鉄	駒澤	
7月26日	●	植村	2	5	南海	大阪	
7月27日	●	中川	1	3	南海	大阪	
7月28日	●	荒巻	2	4	南海	大阪	
7月30日	○	宮崎	10	2	近鉄	後楽園	
7月31日	●	中川	4	9	近鉄	川崎	山内
7月31日	●	和田功	2	5	近鉄	川崎	
8月1日	○	山根	13	0	トンボ	川崎	山内
8月2日	○	中川	7	0	トンボ	川崎	佃.山内
8月2日	○	荒巻	9	2	トンボ	川崎	三宅2.佃.山内
8月6日	○	植村	2	1	阪急	川崎	
8月7日	○	荒巻	5	4	阪急	川崎	小森.別当
8月9日	○	中川	3	2	東映	駒澤	
8月10日	●	荒巻	0	2	東映	駒澤	
8月11日	○	中川	4	2	東映	駒澤	榎本
8月13日	○	荒巻	4	2	大映	後楽園	島田
8月14日	○	和田功	7	1	大映	後楽園	三宅.ルイス
8月16日	●	宮崎	1	3	トンボ	川崎	
8月17日	○	中川	6	3	トンボ	川崎	榎本.山内
8月18日	●	荒巻	1	3	トンボ	川崎	
8月20日	○	中川	6	3	東映	駒澤	山内.別当
8月21日	○	山根	5	3	東映	駒澤	
8月21日	●	榎原	0	3	東映	駒澤	
8月23日	●	荒巻	1	3	西鉄	川崎	
8月24日	○	中川	3	2	西鉄	川崎	小森.荒川博2
8月25日	△	荒巻	2	2	西鉄	駒澤	
8月28日	●	植村	0	2	大映	西京極	
8月28日	○	和田功	3	2	大映	西京極	
8月30日	●	植村	2	4	阪急	後楽園	
9月3日	●	和田功	0	1	南海	後楽園	
9月3日	○	中川	8	0	南海	後楽園	
9月4日	●	山根	2	5	南海	後楽園	
9月6日	○	伊藤則	6	0	近鉄	奈良橿原	山内
9月7日	○	荒巻	11	3	近鉄	大阪	小森.山内.三宅
9月7日	○	中川	4	3	近鉄	大阪	
9月8日	○	和田功	2	1	南海	大阪	
9月10日	○	荒巻	4	3	西鉄	平和台	
9月11日	●	山根	2	9	西鉄	平和台	榎本
9月11日	○	荒巻	6	1	西鉄	平和台	山内
9月13日	○	植村	5	0	阪急	西宮	
9月14日	○	和田功	6	1	阪急	西宮	山内.小森
9月14日	●	榎原	1	5	阪急	西宮	
9月16日	○	中川	7	6	西鉄	川崎	山内2
9月17日	○	和田功	3	2	トンボ	川崎	
9月18日	○	植村	7	3	トンボ	川崎	
9月18日	○	荒巻	5	4	トンボ	川崎	山内
9月20日	●	中川	2	3	南海	大阪	
9月21日	●	山根	3	4	南海	大阪	三宅
9月22日	○	和田功	9	7	南海	大阪	榎本
9月24日	●	山根	2	6	大映	西京極	
9月25日	●	中川	1	6	大映	彦根	
10月1日	○	和田功	2	1	近鉄	神戸市民	
10月1日	○	榎原	5	2	近鉄	神戸市民	
10月3日	●	荒巻	1	7	阪急	西宮	
10月3日	○	植村	6	3	阪急	西宮	
10月5日	●	植村	2	4	東映	後楽園	
10月5日	○	和田功	2	1	近鉄	後楽園	三宅
10月6日	○	中川	4	0	東映	後楽園	
10月6日	●	戸辺	1	3	東映	後楽園	
10月7日	○	清水	12	7	トンボ	後楽園	山内2.三宅
10月7日	●	伊藤則	1	2	トンボ	後楽園	
10月8日	○	荒巻	2	1	トンボ	川崎	山内
10月12日	○	伊藤則	3	2	東映	駒澤	
10月12日	●	植村	0	3	東映	駒澤	
10月13日	●	高橋幸	0	3	東映	駒澤	

全試合・全本塁打

毎日オリオンズ　85勝55敗2分（3位）

1955年試合日	勝敗	責任投手	毎日得点	相手得点	対戦チーム	球場名	本塁打打者
3月26日	○	荒巻	3	2	近鉄	西京極	荒川博
3月29日	●	和田功	2	4	東映	駒澤	
3月30日	○	山根	6	2	東映	駒澤	
4月2日	○	植村	4	1	トンボ	川崎	別当,榎本
4月5日	○	荒巻	5	4	東映	駒澤	
4月6日	○	植村	4	3	東映	駒澤	榎本
4月7日	○	中川	4	2	東映	駒澤	三宅,ルイス
4月9日	○	植村	4	3	南海	後楽園	
4月10日	○	荒巻	9	6	南海	後楽園	ルイス,山内
4月12日	●	荒巻	4	5	西鉄	後楽園	ルイス,山内
4月13日	●	山根	3	10	西鉄	後楽園	
4月14日	●	植村	0	1	西鉄	後楽園	
4月20日	○	荒巻	7	4	阪急	群馬敷島	
4月21日	○	和田功	11	5	阪急	川崎	
4月21日	●	清水	2	3	阪急	川崎	
4月23日	○	中川	4	1	大映	駒澤	
4月24日	○	植村	8	7	大映	駒澤	榎本
4月24日	○	植村	8	2	大映	駒澤	三宅
4月26日	○	荒巻	4	3	トンボ	駒澤	別当
4月29日	○	中川	7	2	近鉄	大阪	ルイス
4月30日	○	榎原	7	4	近鉄	大阪	ルイス2
5月1日	○	和田功	6	2	近鉄	大阪	
5月3日	●	植村	2	3	西鉄	平和台	
5月4日	○	荒巻	4	0	西鉄	平和台	
5月5日	●	和田功	1	2	西鉄	平和台	
5月7日	○	植村	6	4	阪急	西宮	榎本2
5月8日	○	植村	4	3	阪急	西宮	本堂,山内
5月8日	○	和田功	6	4	阪急	西宮	
5月10日	●	中川	6	7	大映	後楽園	榎本,有町
5月11日	○	植村	5	4	大映	後楽園	
5月12日	○	中川	4	0	大映	後楽園	
5月14日	○	荒巻	9	2	西鉄	後楽園	榎本
5月15日	●	和田功	2	6	西鉄	後楽園	
5月17日	●	植村	5	12	東映	駒澤	三宅
5月20日	●	荒巻	2	3	南海	大阪	
5月21日	●	中川	0	1	南海	大阪	
5月22日	●	植村	3	5	南海	大阪	ルイス,山内
5月24日	●	荒巻	0	4	大映	駒澤	
5月25日	○	中川	1	0	大映	駒澤	
5月26日	●	荒巻	2	3	大映	駒澤	三宅
5月29日	●	和田功	0	5	近鉄	大阪	
5月31日	●	中川	1	3	西鉄	平和台	
6月1日	○	荒巻	2	1	西鉄	平和台	
6月4日	○	植村	5	4	阪急	西宮	山内
6月5日	△	荒巻	2	2	阪急	西宮	
6月7日	○	中川	11	8	トンボ	足利市営	山内
6月9日	●	荒巻	3	4	トンボ	川崎	
6月10日	○	宮崎	2	0	トンボ	川崎	
6月11日	○	植村	3	1	阪急	川崎	三宅,山内
6月12日	○	中川	6	3	阪急	川崎	
6月14日	○	植村	2	0	トンボ	後楽園	
6月16日	○	榎原	7	0	トンボ	後楽園	榎本
6月16日	○	和田功	13	3	トンボ	後楽園	葛城,榎本
6月18日	○	植村	10	7	南海	後楽園	三宅,小森,山内
6月19日	○	中川	1	0	南海	後楽園	
6月21日	●	荒巻	1	3	近鉄	大阪	
6月22日	●	榎原	3	6	近鉄	大阪	ルイス,三宅
6月23日	○	和田功	2	1	近鉄	大阪	小森
6月25日	●	荒巻	3	4	東映	駒澤	
6月27日	○	和田功	9	0	東映	駒澤	
6月28日	○	榎原	4	3	大映	後楽園	
6月29日	○	和田功	4	1	大映	後楽園	
6月30日	●	清水	2	3	大映	後楽園	
7月5日	●	中川	1	2	西鉄	平和台	
7月7日	●	榎原	7	9	西鉄	平和台	
7月9日	○	宮崎	3	2	阪急	西宮	
7月10日	○	和田功	7	3	阪急	西宮	山内,葛城,三宅
7月10日	●	榎原	3	6	阪急	西宮	榎本
7月12日	●	植村	3	4	南海	後楽園	
7月13日	●	中川	4	14	南海	後楽園	

7月15日	●	中西	2	4	南海	後楽園	佃
7月15日	●	和田功	1	6	南海	後楽園	山内
7月17日	●	荒巻	2	4	東映	駒澤	
7月17日	○	中西	4	0	東映	駒澤	榎本
7月18日	○	和田功	2	0	東映	駒澤	
7月19日	○	植村	3	2	東映	駒澤	小森
7月21日	○	山根	2	1	南海	大阪	
7月22日	●	和田功	1	2	南海	大阪	
7月22日	○	荒巻	9	4	南海	大阪	
7月24日	○	植村	5	0	高橋	川崎	榎本2
7月25日	●	和田功	1	3	高橋	川崎	
7月26日	○	和田功	1	0	高橋	川崎	
7月28日	●	荒巻	2	4	近鉄	大阪	
7月29日	●	中川	7	10	近鉄	大阪	橋本力,山内,榎本
7月29日	●	荒巻	1	2	近鉄	大阪	
7月31日	●	山根	1	2	西鉄	平和台	
8月1日	●	和田功	2	5	西鉄	平和台	
8月1日	●	荒巻	0	1	西鉄	平和台	
8月2日	△	荒巻	5	5	西鉄	平和台	
8月4日	○	山根	10	2	阪急	西宮	
8月5日	●	中川	2	4	阪急	西宮	
8月5日	●	荒巻	0	6	阪急	西宮	
8月6日	○	和田功	4	3	阪急	西宮	榎本
8月8日	○	植村	2	1	東映	駒澤	
8月9日	○	小野	5	4	東映	後楽園	
8月10日	●	中西	5	6	東映	後楽園	小森,葛城
8月11日	●	和田功	3	4	近鉄	後楽園	山内
8月11日	○	荒巻	3	2	近鉄	後楽園	山内
8月12日	●	小野	3	5	近鉄	川崎	山内
8月14日	○	植村	3	1	大映	駒澤	沼沢
8月14日	○	中川	2	0	大映	駒澤	
8月15日	○	荒巻	2	1	大映	駒澤	
8月16日	○	植村	5	3	大映	駒澤	山内,葛城
8月16日	○	中西	8	2	大映	駒澤	橋本力,三宅
8月18日	○	山根	11	0	南海	大阪	
8月19日	●	和田功	3	4	南海	大阪	三宅
8月19日	△	荒巻	1	1	南海	大阪	
8月21日	●	中西	2	14	阪急	駒澤	
8月21日	●	植村	2	3	阪急	駒澤	山内
8月23日	●	和田功	0	5	阪急	駒澤	
8月23日	○	荒巻	4	3	阪急	駒澤	
8月25日	○	荒巻	9	5	近鉄	駒澤	
8月25日	●	和田功	1	6	近鉄	駒澤	
8月26日	●	山根	2	3	近鉄	駒澤	鈴木
8月31日	○	和田功	5	4	東映	駒澤	
8月31日	○	中西	5	0	東映	駒澤	榎本
9月1日	●	荒巻	2	3	大映	駒澤	
9月2日	○	野村	4	3	大映	駒澤	山内
9月3日	○	和田功	7	2	大映	後楽園	三宅,葛城
9月3日	●	若生	1	7	大映	後楽園	
9月4日	○	荒巻	4	3	西鉄	後楽園	榎本
9月5日	○	荒巻	2	1	西鉄	後楽園	
9月6日	●	野村	1	4	西鉄	後楽園	
9月8日	●	中西	0	3	南海	後楽園	
9月8日	○	山根	2	1	南海	後楽園	鈴木
9月9日	○	和田功	5	1	南海	後楽園	葛城
9月9日	○	荒巻	1	0	南海	後楽園	小森
9月12日	○	和田功	2	1	近鉄	大阪	橋本力,葛城
9月15日	●	荒巻	1	2	西鉄	平和台	
9月17日	●	中西	2	9	西鉄	平和台	
9月17日	●	荒巻	2	3	西鉄	平和台	山内
9月19日	○	植村	9	6	阪急	西宮	小森
9月20日	●	山根	0	8	阪急	西宮	
9月21日	○	荒巻	5	2	阪急	西宮	
9月23日	●	和田功	3	4	東映	福井市営	大竹
9月23日	○	和田功	12	3	東映	福井市営	葛城2,鈴木
9月25日	●	荒巻	0	1	大映	新潟白山	
9月25日	△	野村	3	3	大映	新潟白山	
9月29日	○	植村	7	6	高橋	後楽園	榎本,鈴木
9月30日	○	荒巻	6	1	高橋	後楽園	山内,須藤
9月30日	●	山根	2	3	高橋	後楽園	山内
10月3日	○	植村	4	2	高橋	八王子	山内
10月3日	●	荒巻	3	5	高橋	八王子	橋本力
10月5日	○	植村	2	0	東映	駒澤	
10月6日	●	和田功	4	5	近鉄	駒澤	
10月7日	○	植村	5	0	大映	後楽園	葛城
10月7日	●	植村	0	2	大映	後楽園	
10月8日	●	植村	3	4	高橋	浦和市営	

全試合・全本塁打

毎日オリオンズ　84勝66敗4分（4位）

1956年試合日	勝敗	責任投手	毎日得点	相手得点	対戦チーム	球場名	本塁打打者
3月21日	○	荒巻	4	2	東映	駒澤	佃
3月21日	○	植村	11	5	東映	駒澤	山内
3月24日	●	中川	2	3	高橋	川崎	榎本
3月25日	○	植村	5	0	高橋	川崎	三宅
3月25日	○	中西	4	0	高橋	川崎	
3月27日	○	中川	8	0	東映	後楽園	小森
3月28日	○	荒巻	4	3	東映	後楽園	
3月29日	○	伊藤	7	3	東映	後楽園	小森,山内,三宅,佃
3月31日	○	中西	1	0	西鉄	後楽園	山内
4月2日	○	荒巻	3	2	西鉄	後楽園	山内
4月3日	●	和田功	0	2	近鉄	駒澤	
4月4日	○	小野	4	1	近鉄	駒澤	佃
4月5日	○	山根	4	1	近鉄	駒澤	
4月7日	○	中川	4	2	大映	岩村田	
4月10日	●	荒巻	2	4	南海	大阪	
4月11日	○	植村	7	2	近鉄	藤井寺	山内
4月12日	●	伊藤	2	7	近鉄	藤井寺	佃
4月13日	○	荒巻	5	0	近鉄	大阪	佃2,小森
4月14日	○	植村	2	1	阪急	西宮	
4月15日	●	和田功	3	6	阪急	西宮	
4月17日	●	中川	5	8	西鉄	平和台	山内
4月18日	○	荒巻	10	3	西鉄	平和台	榎本,小森
4月21日	●	中川	4	5	南海	大阪	
4月22日	●	中西	1	11	南海	大阪	
4月22日	△	荒巻	2	2	南海	大阪	
4月24日	○	中西	3	2	大映	後楽園	葛城
4月28日	○	中川	7	4	南海	後楽園	
4月29日	○	山根	7	5	南海	後楽園	榎本
4月29日	●	野村	1	5	南海	後楽園	三宅
5月1日	○	荒巻	4	3	高橋	駒澤	山内
5月3日	○	中西	3	0	高橋	駒澤	
5月3日	●	中川	0	4	高橋	駒澤	
5月5日	●	植村	4	6	阪急	西宮	
5月6日	○	中西	8	0	阪急	西宮	
5月8日	○	植村	4	3	高橋	駒澤	鈴木
5月9日	○	荒巻	5	2	高橋	駒澤	
5月11日	●	中川	2	7	大映	後楽園	葛城
5月12日	○	荒巻	4	3	大映	後楽園	
5月13日	○	和田功	4	1	大映	後楽園	榎本
5月15日	○	和田功	2	1	東映	盛岡市営	山内
5月15日	●	荒巻	0	2	東映	盛岡市営	
5月16日	○	和田功	8	1	東映	釜石	榎本
5月19日	●	中西	5	6	大映	川崎	佃
5月20日	○	荒巻	4	0	大映	浦和市営	山内
5月20日	○	植村	3	0	大映	浦和市営	葛城
5月23日	●	和田功	1	4	南海	大阪	
5月26日	○	植村	2	1	阪急	駒澤	
5月29日	○	和田功	3	1	西鉄	後楽園	佃
5月30日	○	中川	1	0	西鉄	後楽園	
5月31日	●	中西	1	3	西鉄	後楽園	
6月5日	○	荒巻	8	1	高橋	川崎	
6月6日	○	和田功	4	3	高橋	川崎	葛城,小森
6月6日	○	小野	6	1	高橋	川崎	
6月9日	○	荒巻	2	0	近鉄	川崎	山内,佃
6月10日	○	和田功	7	0	近鉄	川崎	小森,榎本
6月13日	○	荒巻	1	0	近鉄	大阪	
6月13日	○	植村	2	1	近鉄	大阪	
6月14日	●	山根	0	1	近鉄	大阪	
6月17日	●	和田功	0	3	西鉄	平和台	
6月17日	●	荒巻	5	9	西鉄	平和台	
6月19日	●	和田功	0	19	阪急	西宮	
6月20日	●	植村	3	6	阪急	西宮	
6月21日	●	中西	8	9	阪急	西宮	葛城
6月24日	○	中川	4	0	東映	駒澤	
6月24日	○	植村	5	4	東映	駒澤	
6月26日	●	中西	2	5	西鉄	後楽園	小森,三宅
6月27日	●	荒巻	1	5	西鉄	後楽園	
6月28日	○	荒巻	4	3	西鉄	後楽園	榎本
7月7日	●	中西	5	9	高橋	川崎	山内
7月8日	○	荒巻	4	3	高橋	川崎	
7月9日	●	和田功	2	4	阪急	川崎	
7月11日	●	荒巻	1	4	阪急	後楽園	山内
7月12日	●	和田功	1	2	阪急	後楽園	小森
7月13日	○	小野	5	0	大映	駒澤	佃
7月14日	○	中川	2	1	南海	後楽園	山内

7月15日	○	中西	2	1	西鉄	後楽園	榎本
7月16日	●	山根	1	2	南海	後楽園	
7月17日	●	荒巻	5	13	南海	後楽園	醍醐,榎本
7月18日	○	小野	5	4	南海	後楽園	
7月23日	○	荒巻	5	4	大映	川崎	
7月24日	○	小野	8	2	大映	川崎	葛城
7月27日	●	荒巻	1	4	東映	駒澤	
7月28日	○	小野	3	0	東映	駒澤	
7月28日	●	植村	3	7	東映	駒澤	
7月29日	●	荒巻	0	1	近鉄	駒澤	
7月31日	○	小野	1	0	阪急	西宮	
8月1日	●	植村	0	2	阪急	西宮	
8月2日	○	中西	10	2	阪急	西宮	
8月3日	○	小野	7	4	近鉄	大阪	
8月4日	○	和田功	13	2	近鉄	大阪	山内,中野,葛城,榎本
8月4日	○	小野	6	3	近鉄	大阪	
8月7日	●	小野	3	5	西鉄	平和台	
8月8日	●	小野	2	7	西鉄	平和台	
8月10日	●	小野	3	4	南海	大阪	葛城
8月11日	●	山根	0	8	南海	大阪	
8月17日	○	植村	3	2	大映	西京極	
8月18日	○	小野	5	4	大映	西京極	
8月18日	○	若生	4	1	大映	西京極	
8月20日	○	小野	7	4	阪急	後楽園	
8月21日	○	中西	2	1	阪急	後楽園	
8月21日	●	若生	1	11	阪急	後楽園	
8月22日	○	小野	4	2	阪急	後楽園	
8月24日	○	小野	4	3	東映	後楽園	山内,衆樹
8月25日	○	和田功	2	1	東映	駒澤	山内
8月25日	○	荒巻	4	1	東映	駒澤	
8月27日	○	中西	15	0	南海	大阪	山内,葛城
8月28日	●	山根	5	7	南海	大阪	
8月29日	●	植村	1	2	阪急	西宮	
8月30日	●	中西	3	5	南海	大阪	荒川
9月1日	●	荒巻	3	4	大映	長野城山	橋本力
9月1日	○	江崎	5	1	大映	長野城山	衆樹
9月3日	●	植村	3	4	西鉄	後楽園	
9月4日	○	小野	3	1	西鉄	後楽園	葛城
9月5日	○	中西	6	0	阪急	後楽園	葛城2,山内
9月8日	○	荒巻	6	4	東映	後楽園	
9月12日	●	小野	1	5	阪急	西宮	
9月12日	●	中西	0	7	阪急	西宮	
9月14日	○	小野	3	1	西鉄	平和台	
9月15日	●	植村	1	2	西鉄	平和台	山内
9月15日	△	小野	5	5	西鉄	平和台	
9月18日	●	和田功	1	5	近鉄	大阪	荒川
9月19日	○	荒巻	3	0	近鉄	大阪	
9月21日	●	小野	3	4	阪急	川崎	
9月24日	●	中西	1	8	東映	駒澤	葛城
9月27日	○	小野	3	2	近鉄	日立	山内
10月1日	●	植村	1	4	西鉄	後楽園	榎本
10月1日	○	小野	1	0	西鉄	後楽園	
10月2日	●	中西	2	10	西鉄	後楽園	小森,橋本力
10月3日	○	小野	2	1	西鉄	後楽園	
10月5日	○	中西	3	2	近鉄	後楽園	山内
10月8日	○	小野	4	1	南海	後楽園	葛城,小森
10月9日	●	荒巻	1	6	南海	後楽園	山内
10月11日	○	中西	13	4	大映	後楽園	橋本力,榎本,山内
10月12日	●	植村	2	6	大映	後楽園	
10月13日	○	荒巻	4	2	大映	後楽園	
10月13日	○	江崎	9	0	大映	後楽園	
10月16日	●	小野	5	6	近鉄	甲府総合	山内
10月16日	○	中西	6	5	近鉄	甲府総合	山内,葛城
10月19日	○	植村	7	4	阪急	西宮	葛城
10月23日	○	若生	6	4	東映	駒澤	
10月24日	○	和田功	1	0	東映	駒澤	
10月24日	○	若生	6	5	東映	駒澤	

全試合・全本塁打

毎日オリオンズ　75勝52敗5分（3位）

1957年試合日	勝敗	責任投手	毎日得点	相手得点	対戦チーム	球場名	本塁打打者
3月30日	○	植村	5	1	西鉄	平和台	葛城
3月31日	○	荒巻	4	1	西鉄	平和台	
3月31日	○	植村	4	3	西鉄	平和台	山内
4月6日	●	植村	0	11	南海	後楽園	
4月7日	○	荒巻	3	2	南海	後楽園	山内2
4月8日	○	山根	8	1	南海	後楽園	衆樹2
4月9日	○	江崎	5	2	東映	後楽園	
4月10日	○	小野	2	0	東映	後楽園	山内
4月11日	○	荒巻	2	0	東映	後楽園	
4月13日	●	中川	1	3	大映	横浜平和	
4月14日	○	小野	2	0	大映	茨城県営	
4月14日	●	植村	0	1	大映	茨城県営	
4月21日	●	小野	2	3	近鉄	大阪	山内
4月21日	△	荒巻	6	6	近鉄	大阪	
4月27日	○	小野	1	0	南海	大阪	
4月28日	○	中西	1	0	南海	大阪	
4月29日	●	荒巻	5	6	南海	大阪	橋本力
5月1日	●	植村	3	5	東映	駒澤	三宅
5月4日	○	山根	1	0	阪急	西宮	
5月9日	○	荒巻	5	3	近鉄	後楽園	衆樹
5月9日	○	植村	9	1	近鉄	後楽園	山内
5月11日	○	荒巻	2	1	阪急	後楽園	
5月12日	△	山根	2	2	阪急	後楽園	
5月13日	●	小野	6	7	大映	後楽園	
5月18日	○	荒巻	4	3	東映	駒澤	
5月19日	●	植村	2	5	東映	駒澤	
5月19日	●	小野	0	4	東映	駒澤	
5月21日	○	山根	6	4	南海	大阪	山内.葛城
5月22日	●	植村	4	5	南海	大阪	榎本.山内
5月23日	●	山根	3	4	南海	大阪	山内.須藤
5月25日	△	植村	4	4	西鉄	平和台	
5月26日	●	和田功	2	6	西鉄	平和台	山内
5月26日	○	中西	5	4	西鉄	平和台	葛城
5月28日	○	植村	9	5	近鉄	大阪	
5月28日	○	荒巻	7	3	近鉄	大阪	山内
5月30日	●	江崎	2	7	近鉄	大阪	醍醐
5月30日	○	小野	4	0	近鉄	大阪	小森.醍醐.葛城
6月1日	○	中西	9	5	南海	後楽園	榎本.衆樹2
6月2日	○	小野	3	1	南海	後楽園	山内2
6月2日	●	植村	1	2	南海	後楽園	橋本力
6月3日	○	荒巻	6	5	東映	駒澤	
6月4日	●	服部	1	6	東映	後楽園	山内
6月5日	○	荒巻	1	0	東映	後楽園	
6月9日	○	小野	5	2	西鉄	後楽園	佃
6月9日	●	荒巻	2	5	西鉄	後楽園	
6月10日	○	小野	6	3	西鉄	後楽園	
6月14日	○	小野	3	0	西鉄	川崎	山内
6月15日	○	植村	1	0	大映	川崎	
6月16日	○	中川	4	2	大映	川崎	
6月16日	△	植村	4	4	大映	川崎	榎本
6月17日	●	荒巻	0	3	東映	川崎	
6月21日	○	小野	4	1	阪急	西宮	
6月23日	●	植村	0	4	阪急	西宮	
6月23日	●	荒巻	1	7	阪急	西宮	
6月25日	○	小野	5	4	近鉄	後楽園	山内
6月26日	●	荒巻	2	8	近鉄	後楽園	
6月26日	○	植村	7	1	近鉄	後楽園	醍醐
6月29日	●	植村	2	5	阪急	後楽園	
6月30日	○	中西	5	2	阪急	後楽園	山内
6月30日	●	和田功	0	2	阪急	後楽園	
7月2日	●	植村	1	7	大映	甲府総合	
7月2日	●	荒巻	1	3	大映	甲府総合	
7月4日	●	服部	2	6	大映	川崎	小森.葛城
7月5日	○	荒巻	5	1	大映	川崎	榎本
7月6日	○	中西	7	1	近鉄	川崎	

おわりに

「昭和の野球」で異彩を放った毎日オリオンズ

毎日オリオンズは、現在の千葉ロッテマリーンズの前身である。

今の千葉ロッテは、12球団でも屈指の熱狂的な応援団を持っている。本拠地ZOZOマリンスタジアムの右翼席からは大音響の声援が間断なく続き、スタジアムは連日にぎわいを見せている。

しかし、昭和の時代、ロッテオリオンズは人気球団とは言えなかった。私事にわたり恐縮だが、私は南海ホークスの野村克也監督時代の末期から大阪球場に通っていた。満員で入れない試合はついぞ見たことがなかったが、中でも不入りなのがロッテ戦だった。

三塁側には10人くらいの熱狂的なファンがいて、鉦や太鼓を打ち鳴らしていたが、その音が人もまばらな球場に響くさまは、じつにうら寂しいものだった。一塁側の、これも大して入っていない南海側からは「親泣いてるぞ！」「帰りの電車賃あるのか！」などと辛らつなヤジが投げつけられたものだ。

落合博満は、そんなロッテの主軸打者として売り出したが、三塁を守る落合の後ろの客席に水商売と思しき女性が数人座って、落合の背中を凝視していたのを覚えている。そういう熱視線を知ってか知らずか、やる気のなさそう顔をしながら、落合は火の出るような当りを飛ばしていたものだ。

またロッテは〝ジプシー球団（今は使ってはいけない言葉だが）〟と言われて、本拠地を持たずに転戦していた時期もある。

１９８８年10月19日の、世にいう「10・19」の名勝負では、ロッテはけなげに優勝を目指す近鉄に立ちはだかる「赤っ面」を演じた。引き分けの時間が迫る中、審判に抗議するロッテの有藤通世監督は、実に憎々しかったのを覚えている。

つまり、ロッテというチームは、その歴史の大部分をわき役、敵役としてあり続けたという印象が強い。

しかし、このチームは、草創期の毎日オリオンズの時代には、プロ野球の新しい時代を切り拓く、期待感に満ちあふれた球団だった。

そもそも、プロ野球は正力松太郎率いる読売新聞社によって創始された。読売新聞社が経営する巨人こそが球界の盟主であり、巨人を中心にプロ野球は回っていたのである。

その歴史が大きく変わったのは1950年、2リーグ分立時だ。

プロ野球の発展のためには米、大リーグにならって2リーグ制にする必要があると痛感した正力は、ライバルの毎日新聞のプロ野球参入を促した。毎日新聞社長の本田親男は、これに呼応し、プロ野球に新球団を創設することになるのだ。

本田親男は、戦前から選抜中等学校野球（春の甲子園）の戦評を書くなど、一線級のスポーツ記者だった。また戦後はGHQ（連合軍総司令部）に掛け合って、甲子園の接収を解除させるなど、野球界の発展に寄与した。

その本田の号令一下、新球団毎日オリオンズは誕生したのだ。本田親男は野球殿堂入りしていないが、野球史に残る経営者だったと思う。

草創期の毎日には大物選手が集い、セの盟主巨人に対するパの盟主になるかと思えたが、そうはならず、南海ホークス、西鉄ライオンズの後塵を拝することとなった。

しかし、毎日オリオンズは、以後も一癖も二癖もある選手が集まる個性派集団だった。職人肌の打者やエースのプライドを持つ投手などが、昭和中期の球史を彩った。

昭和が過ぎ、平成も終わって令和の時代、毎日オリオンズについて語ることができる人は少なくなった。

この本では、草創期の毎日オリオンズの記録、そして当時の球団運営や球場のありさまなどをつぶさに紹介している。興味深いエピソード、珍談、奇談など、貴重な話がたくさん所収されている。また「ロッテファンのカリスマ」である元球団職員、横山健一さんによるその後のドキュメントも味わい深い。

さらに、データや選手列伝も充実している。今やほとんど忘れ去られた名選手たちの面影が、データと評伝によって浮かび上がってくる。

毎日オリオンズは、今年70年目のシーズンを迎える。この機に過去を振り返るのは誠に意義深いといえよう。

なお、本書は2016年に刊行された雑誌『野球雲7号　戦後の流星 毎日オリオンズ 1950～1957　パ・リーグを背負った球団の8年』を再構成したものである。編集長の武田主税さんは、隠れた球史を発掘して、人知れぬ物語をいくつも紡ぎだしてきたが、彼の努力が、姿を変えてこういう形で再び日の目を見るのは誠に喜ばしい。

千葉ロッテファンも、そうでない人も、じっくりと愉しんでいただきたい。

広尾　晃

本書の執筆者一覧（2016年時点）

広尾晃（ひろお・こう）
2016年より、高校生の部活を取材するサイト「ナビ部」に携わり、野球だけでなく多くの部活の取材をする。非常に得るところが多い。インターハイではするめになりそうな暑さに耐えて高校生の躍動を見て回った。川淵三郎さんにお目にかかり「一度、野球についてモノが言いたかったんだ」と言われ、熱い言葉をいただく。

諸岡達一（もろおか・たついち）
1936年東京生まれ。元毎日新聞記者。野球文化學會を創始（1998年）。1946（昭和21）年少年野球チーム「東新コメット・ジュニア」投手・内野手。ホームグラウンドは本郷東大球場。自宅は後楽園球場まで徒歩20分。至近の東大野球部「一誠寮」へも遊びに行き準優勝時の選手と湯う屋へ通ったなど「ヒトが聴いても面白くないベースボール自慢噺」多数。『死亡記事を読む』（新潮新書）『裸の新聞記者』（三修社）『新聞のわび状』（毎日新聞社）』『野球博覧』（Sライターズ共著）』など著書。

池井優（いけい・まさる）
1935年生まれ。少年時代から草野球一筋。熱狂的な南海ファン。専門は日本外交史だが、野球関係の著書に『白球太平洋を渡る―日米野球交流史』『大リーグへの招待』『ハロースタンカ、元気かい―プロ野球外人選手列伝』『野球と日本人』などがある。慶応義塾大学名誉教授。

堤哲（つつみ・さとし）
1941年東京生まれ。64年早大政経卒、17毎日新聞入社。東京・大阪社会部で都市対抗野球・センバツの軟派面キャップを務めたことがささやかな自慢。さわやかイレブン（蔦文也監督池田高）の命名者!?
著書に『国鉄スワローズ1950―1964』（交通新聞社新書）。セ・リーグ創設初年度最下位カープの25年ぶり優勝を祝福したい。その年スワローズは高校中退金田正一投手の活躍（8勝12敗）で開幕からの指定席をカープに譲った。

牧啓夫（まき・ひろお）
野球記録研究家、ゲームデザイナー。同人「八川社」主宰。野球・ミリタリーを中心にゲームをデザインしたりプレイしたりして楽しんでいる。記録に関しては、師匠宇佐美徹也に教わった視点を大事にしたい。

松井正（まつい・ただし）
1979年生まれ、東京都大田区在住の会社員。小学生の頃から野球を見始め大の巨人ファンとなる。休日は国会図書館に通って主に二軍の記録を調べ、1950年代～1970年代に行われた二軍戦の全試合のスコアをほぼコンプリート。全選手の二軍のライフタイムレコード集を作成するのが目標。

横山健一（よこやま・けんいち）
ロッテ球団を応援して40年数年、ファンや応援団としての楽しさを伝え、何にも増して観客動員をとの願いから、93年から寝食を惜しんで務めた球団職員を15年3月に離れた。皆と作ったファンサービス、ファンクラブ組織と応援スタイルは誇り。ユニフォーム着用やタオル、ビジター応援などの文化も自己の体験から広めた。最近めっきり球場に足を運ぶ機会が減った、自分でも信じられないが、理由は現在追求中である。

田畑智則（たばた・とものり）
1971年東京生まれ、北海道育ちの野球記録収集人。阪神タイガースファンではあるが、現在は日本プロ野球の記録をデータベースに入力中。後には、高校野球、大学野球、社会人野球も手掛け、選手記録を高校からプロまで全員出せるようになるのが遥かな遠い目標。しかし勤めと並行でなかなか進まず…。

本書は２０１６年９月30日に発行された『野球雲Ｖｏｌ・７
戦後の流星　毎日オリオンズ』（啓文社書房発行）に大幅な加
筆修正をくわえて新書サイズとして再刊行したものです。

編集／株式会社啓文社（漆原亮太）
データ協力／田畑智則
日本プロ野球記録（http://2689web.com/）
写真提供／古書ビブリオ
Special Thanks 野球雲編集部（雲プロダクション）

消えた球団 毎日オリオンズ1950〜1957

2019年6月15日 第1刷発行

編 著 野球雲編集部
発行者 唐津 隆
発行所 株式会社ビジネス社
〒162-0805 東京都新宿区矢来町114番地 神楽坂高橋ビル5F
電話 03(5227)1602 FAX 03(5227)1603
http://www.business-sha.co.jp
〈装幀〉大谷昌稔 〈本文組版〉エムアンドケイ 茂呂田剛
〈印刷・製本〉中央精版印刷株式会社
〈編集担当〉本田朋子 〈営業担当〉山口健志

ISBN978-4-8284-2107-0